Viviendo
la tercera edad

Un modelo integral de consejería para el buen envejecimiento

Viviendo la tercera edad

Un modelo integral de consejería para el buen envejecimiento

R. Esteban Montilla

EDITORIAL CLIE
C/ Ferrocarril, 8
08232 VILADECAVALLS (Barcelona) ESPAÑA
E-mail: clie@clie.es
Internet: http://www.clie.es

VIVIENDO LA TERCERA EDAD
Un modelo integral de consejería para el buen envejecimiento
R. Esteban Montilla

©2004 por R. Esteban Montilla

Todos los derechos reservados

Depósito Legal: B 45909-2004
ISBN 13: 978-84-8267-437- 7

Impreso en España / *Printed in Spain*

REL012070
Vida cristiana
Crecimiento personal

Referencia: 224317

Lo que dicen otros autores acerca de este libro

"Este texto presenta una reflexión práctica y prudente; el cual fielmente se compromete con uno de los retos principales que confronta el cuidado médico-pastoral en nuestro momento actual—el cuidado de las personas mayores. En su esfuerzo de presentar una visión integral de la realidad del envejecíente, el autor hace buen uso de las disciplinas de las ciencias sociales, y de datos biológicos y sicológicos pertinentes a esta temática. Esto en si constituye una contribución significativa al diálogo sobre el cómo cuidar de esta creciente población. Además, para enriquecer su presentación, todo este análisis lo enmarca en el contexto de una rigurosa reflexión bíblica y teológica. La conversación que se está llevando a cabo en la comunidad de fe sobre el trato y el cuidado de los ancianos será significativamente enriquecida con este texto."

Dr. Ismael García. Autor del libro "Dignidad. Ethics Through Hispanic Eyes". Profesor de Ética Cristiana. Austin Presbyterian Theological Seminary, Austin Texas.

"He leído el libro del Dr. Montilla con aprecio y entusiasmo. Aprecio, porque se ve que es un trabajo fundamentado tanto en el estudio como en la experiencia y la reflexión. Entusiasmo, porque se trata de un tratamiento excelente de un tema que entre nuestro pueblo es de gran urgencia. Recomiendo este libro a pastores, seminaristas, y a toda persona que por razón de su fe cristiana se sienta comprometida con la obra de Dios en medio de nuestro pueblo".

Dr. Justo L. González. Autor de varios libros incluyendo "Mañana. Christian Theology from a Hispanic Perspective". Fundador de la Asociación para la Educación Teológica Hispana, Austin, Texas.

"Esta obra es una gran contribución al entendimiento del proceso del envejecimiento que enriquecerá de gran manera la vida de los que vivimos en la tercera edad así como también iluminará a los más jóvenes acerca del futuro que les espera".

Dr. Virgilio Elizondo. Autor del libro "The Future is Mestizo: Life Where Cultures Meet".
Fundador del Mexican American Cultural Center, San Antonio, Texas.

"Esteban Montilla, combinando lo mejor de sus capacidades como teólogo y psicoterapeuta, nos ha dado en esta obra un regalo literario que ayudará a los lectores a comprender el verdadero significado de la vida especialmente, la vida en la tercera edad. Este libro llenará un vacío existente en el campo de la gerontología y psicogeriatría. El enfoque holístico que el autor presenta nos llevará a concluir que la vida es para disfrutarla desde el mismo comienzo hasta el mismo fin".

Lic. Ruth Román, MSN, RN. Directora de Enfermería.
Audie L. Murphy Memorial Veterans Hospital, San Antonio, Texas.

"El autor, R. Esteban Montilla, presenta en esta obra "Viviendo la Tercera Edad", algo muy único dentro del estudio de la Gerontología. Su combinación de un entendimiento bíblico del valor de la vida como corona de la creación y su conocimiento de psicoterapia pastoral nos ayuda a entender y apreciar mejor a la etapa conocida como "vejez". Una obra ideal para aquellos que no tienen adiestramiento psicológico pues ésta nos informa de manera concreta y clara acerca de los diferentes aspectos que acompañan al proceso del envejecimiento. Sin embargo, esta obra se recomienda para todos especialmente para aquellos que estén interesados en servir a la persona como un todo, tomando en cuenta los factores biológicos, psicológicos, sociales y espirituales. El ministerio de pastores y pastoras será grandemente enriquecido con esta lectura. Esta obra es un gran aporte al campo de la psicogeriatría pastoral".

Dr. Rubén P. Armendáriz. Asociado Ejecutivo para el Desarrollo de Iglesias. Iglesia Presbiteriana USA.
Profesor jubilado de McCormick Theological Seminary, Chicago, Illinois.

Dedicatoria

Con todo el amor posible en memoria de
Doña Maria Filomena Montilla

Una madre única quién "peleó la buena batalla, terminó la carrera y mantuvo la fe". Una madre que descansó en la esperanza de la resurrección pero sus obras y legado continúan. Una madre de quien entre muchas cosas aprendimos que el jardín humano florece y ofrece su belleza en su mayor esplendor cuando éste se compone por seres humanos de diferentes razas, religiones, culturas, colores, géneros, y edades.

A nuestro Dios en quien nos movemos, somos, y existimos, sea la gloria por los siglos de los siglos.

Reconocimiento y Agradecimiento

En la vida existimos en comunidad y para la comunidad así que cualquiera obra o trabajo es la gestión de un grupo de personas y no el esfuerzo de un individuo. Al escribir este libro en mi mente y corazón estaban muchas personas, quienes de manera directa o indirecta contribuyeron para que esta obra llegara a ser una realidad. Para honrar a todas estas personas, de manera sencilla pero muy significativa, decidí escribir este libro en la tercera persona del plural.

Entre tantas personas que han cruzado mi camino e impactado mi vida, mi manera de pensar, de actuar y de expresar mis capacidades afectivas, quisiera destacar a las personas de edad, y al personal médico, administrativo y asistencial del Centro de Salud y Asistencia Geriátrica (Harvest Care Center), con quienes he tenido la oportunidad de trabajar muy de cerca por varios años. Especialmente a las personas mayores, quienes pensaron que eran mis pacientes pero que en realidad fueron mis maestros y maestras. En una relación simbiótica y bilateral pudimos crecer juntos en el proceso de vivir en abundancia. A todos ellas mi más profunda gratitud.

Escribo en plural teniendo en mente y sintiendo la compañía de todas las personas que Dios ha puesto en mi camino con el fin de que yo pueda conocerle a Él de una manera más plena. Estoy pensando en personas tales como Ricardo López, Michele Buonfiglio, Itamar de Paiva, John Wesley Taylor, Pablo Rotman, Luti Rotman, Richard Hansen, Gerald Montgomery, Sharon McGraff, Basharat Masih, Lindell Anderson, Homer Bain, Raymond Lawrence, John DeVelder, entre muchos más, quienes no sólo compartieron sus habilidades, y experiencias académicas conmigo sino que también me ayudaron a redescubrir el valor que tenemos como hijos e hijas de Dios. Quiero destacar la influencia que tres teólogos han tenido en mi formación teológica. Me refiero a los doctores Justo L. González, Michele Buonfiglio, y Stephen Sapp. Ellos, a través de sus escritos, me han inspirado y motivado a ver el designio de Dios para las personas de edad. Esta influencia se refleja claramente en el primer capítulo de este libro. A ellos muchas gracias.

Al escribir en plural, me acompañan todos mis estudiantes del postgrado de educación clínica pastoral (CPE) con quienes he aprendido a integrar los principios saludables de la teología, psicología y de la medicina. Ellos y ellas también pensaron que estaban solamente recibiendo mis instrucciones, pero realmente estaban enriqueciendo mi vida y mi ministerio. Con admiración y orgullo estoy seguro que sus huellas quedarán marcadas en mi corazón para siempre. Por eso les digo, muchas gracias estudiantes, amigos y amigas.

Por supuesto al escribir en la tercera persona del plural dejo por entendido que mi familia, Maricela, Génesis, Anisah, Josué, Rosangel y Esgreary estuvieron y están conmigo. Gracias Maricela por tu paciencia y dedicación. Gracias por tu opinión profesional; por tu apoyo moral y por ser la ayuda idónea. Es para mi un privilegio compartir la vida contigo y decir que eres mi esposa. También me acompañan mis hermanos y hermanas quienes comparten conmigo los principios de igualdad y justicia que aprendimos de nuestra madre. A ustedes les reitero mi agradecimiento, admiración y respeto. Especial reconocimiento para la señora Charlotte Jones quien no solo me ha ayudado con correcciones gramaticales sino también al dedicar su tiempo para compartir conmigo y con mi familia su amplia experiencia y caudal de sabiduría.

Mi especial gratitud para el Comité Editorial de CLIE quien gustosamente decidió publicar este libro. Quisiera destacar el apoyo recibido por parte del presidente de CLIE, señor Eliseo V. Vila, quien me animó muchísimo al referirse a esta obra como "un trabajo verdaderamente extraordinario". Quiero también reconocer el apoyo recibido por parte del Dr. Paúl Parks, Director Ejecutivo del Ecumenical Center for Religion and Health.

Expreso mi gratitud a los doctores, pastores, y profesores Virgilio Elizondo, Th.D., Ismael García, Ph.D., Justo L. González, Ph.D., José R. Rodríguez, MD, Ph.D., David Del Águila, MD., Minerva Carcaño, Ph.D., Fines Flores, D.Min., Fernando LaFontaine, Ph.D. Rubén Armendáriz, Ph.D., Ruth Román, MSN, Jorge Agüero, MA, Zulamita Carofilis, MA, Nicolás Trujillo, MD, Profesora Carolina Castro Padilla y Linda Salwen, quienes con mucho gusto y sin considerar sus tan ocupadas agendas accedieron a leer el manuscrito y a ofrecer sus sugerencias. Especial gratitud a la Profesora Nina Torres-Vidal por haber leído, corregido y sugerido cambios muy importantes para este trabajo. Con mucha admiración les digo muchísimas gracias. Reconozco que los errores restantes en este libro son míos y no de ellos. La portada fue el trabajo laborioso del señor Randy Lara, a él mi gratitud.

Prólogo

El Capellán Esteban Montilla ha escrito este libro en el contexto particular del cristianismo con la intención inicial de "capacitar al pueblo de Dios para la obra de servicio" (Efesios 4:12). El tema del envejecimiento, sin embargo, es de interés muy universal. Toda persona que lea esta obra, independientemente de su raíz religiosa, se beneficiará al entender los principios básicos de la dignidad y de los dones y talentos que las personas de edad brindan a la sociedad. Además esta lectura será de mucho provecho para el lector ya que provee de manera extensiva y con detalle los aspectos positivos y negativos del proceso del envejecimiento.

Si en el pasado hemos visto cuan útil e importante ha sido entender a las personas mayores o de edad, hoy día con mucha más razón debiéramos conocer mejor a este grupo poblacional, ya que gracias a los aportes científicos y tecnológicos el promedio de vida sé ha alargado enormemente. Esto hace que el mensaje de este libro sea un tesoro tanto antiguo como nuevo, tal como lo especifica el evangelio.

Esteban tiene una dedicación profética al servicio y bienestar de las personas mayores. Él enfatiza el valor y dignidad incondicional de cada ser humano, de cada persona de edad, así como también los dones especiales de perspectiva y creatividad que ellos ofrecen al bien de la humanidad. Nuestra sociedad, que generalmente está obsesionada con la idea de actividad y productividad, no puede seguir ignorando a este sector de la población.

Al mismo tiempo, el autor de esta obra, presenta no una postura romántica e idealista sino más bien una visión y entendimiento realista del proceso de la vejez. El pastor Montilla manifiesta un conocimiento extenso y profundo basado principalmente en su experiencia ministerial con las personas mayores. Él reconoce las pérdidas dolorosas tanto personal como del estado social, que cada persona de edad confronta. Él también da completo reconocimiento al sacrificio ofrecido por parte de aquellos que cuidan a las personas mayores, que en muchos casos implica largas y arduas tareas.

El Pastor Montilla se dedica al enlace de la teoría con la práctica; de la doctrina a la aplicación; del "dicho al hecho". Él ofrece conceptos y medidas realistas con las cuales ambos, las personas de edad, así como sus proveedores podrán elevar la calidad de vida de los años subsecuentes. De tal manera que este libro nos enseña a cómo palpar o llegar a la experiencia que el Apóstol Pablo describe así: "Por tanto, no nos desanimamos. Al contrario, aunque por fuera nos vamos desgastando, por dentro nos vamos renovando día tras día" (2 Corintios 4:16). Este libro es una contribución fundamental a la literatura en psicoterapia y cuidado pastoral dentro del contexto Latino.

Rev. Homer A. Bain, Ph.D.
Director de Educación del
Ecumenical Center for Religión and Health.

Tabla de contenidos

INTRODUCCIÓN 17

Capítulo 1. EL ENVEJECIMIENTO Y LA VEJEZ EN EL CONTEXTO JUDEO-CRISTIANO
El envejecimiento y la vejez en el Antiguo Testamento 25
   Valor y dignidad del ser humano 25
   Viviendo la vida hasta el mismo final 26
   Honrando y respetando a las personas de edad 27
El envejecimiento y la vejez en el Nuevo Testamento 30
   Aspecto holístico e integral del ser humano 31
   Jesús de Nazaret, los apóstoles y la vejez 34

Capítulo 2. ASPECTOS BIOSICOSOCIALES DE LA VEJEZ Y EL ENVEJECIMIENTO
Tipos de edades 41
El envejecimiento y la vejez 42
   Definición 42
Teorías del envejecimiento 43
   Teorías biológicas 44
   Teorías neuropsicológicas y psicológicas 46
   Teorías sociales 47
   Enfermedades causantes de la vejez prematura 49
Hacia un buen envejecimiento 49
Mitos y verdades de la vejez y el envejecimiento 51

Capítulo 3. POR QUÉ SE ME OLVIDAN LAS COSAS
Memorias y recuerdos 53
Reminiscencia 56
El olvido y pérdida de memoria 57
Memorias falsas 59
Demencias 61

La Enfermedad de Alzheimer..62
Demencia vascular o demencia debida a multi-infartos cerebrales................64
Demencia debida a la enfermedad de Parkinson...64
Demencia debida a la enfermedad de Huntington.......................................64
Demencia debida a la enfermedad de Creutzfeldt-Jakob..............................65
Delirio...65
Observaciones generales acerca de la demencia y el delirio..........................65
Asistiendo a los que asisten y cuidan a personas con demencia....................66

Capítulo 4. ASPECTOS EMOCIONALES DEL ENVEJECIMIENTO
El lado positivo y negativo de las emociones...69
Depresión..70
Ansiedad...74
   Tipos de ansiedades...76
Trastornos del sueño..77
   Trastornos primarios del sueño..79
La sexualidad y el envejecimiento...81
   Fases de la respuesta sexual..83
   Cambios biológicos y psicológicos
   en la sexualidad de las personas mayores..84
Trastornos somatomorfos..85

Capítulo 5. ENFRENTANDO LAS PÉRDIDAS
Definición de pesar, pena, duelo y luto...89
Pérdidas en la vejez..89
   La muerte..90
   Proceso del duelo...93
   Fases del duelo...93
El duelo complicado..95
Facilitando el proceso del duelo...96
Hospice...98
El suicidio y la vejez...100
   Prevención e Intervención..101
   Puntos que se deben considerar al momento de intervenir.................104
   La religión y el suicidio..106

Capítulo 6. PRINCIPIOS PRÁCTICOS PARA UNA SALUD INTEGRAL
La salud integral..111
A.D.E.L.A.N.T.E...113
   A= Aire..114
   D= Descanso...115
   E= Ejercicio..117
   L= Luz...119
   A= Agua..120
   N= Nutrición..121
      Nutriendo al cuerpo y a la mente...123
      Aditivos de los alimentos...124
      La cafeína...125
      Comiendo para vivir..126
   T= Temperancia..126
      El hábito de fumar...127
      El alcohol...128
   E= Esperanza..128

Capítulo 7. ENVEJECIENDO EN COMUNIDAD
Creados para vivir y existir en Comunidad...131
El individuo y la comunidad..133
Una comunidad saludable e ideal..135
La comunidad religiosa y las personas de edad.....................................137
Un pueblo: todos ministros...137
El cuidado pastoral de las personas de edad..138
Lo que cada miembro del cuerpo de Cristo es llamado a ser.................140
La comunidad y las necesidades en las personas mayores....................141
Fortaleciendo a las personas mayores...142
Instituciones geriátricas y las personas mayores...................................143

ANEXOS..147
Confrontando nuestros prejuicios..149
Evaluando nuestras actitudes hacia las personas mayores.....................152
Recursos disponibles en el Internet...156
Programas y servicios para la salud mental..159
Programas y servicios en el área de geriatría y gerontología................161
Desarrollando un ministerio de alcance con las personas de edad........164

Encuesta para determinar las necesidades
e intereses de las personas de edad..169

Nota del Autor:

Cuando en esta obra digo personas mayores o personas de edad (a través del libro trato de usar el término personas de edad o personas mayores en vez de viejo, vieja, anciano, anciana, o adulto mayor) nos estamos refiriendo a un sector de la población que es bastante heterogéneo no solamente en edad y género sino también en roles que cumplen en la sociedad, tipos de enfermedades que les afectan, calidad de apoyo familiar y social que tengan, grado de independencia y funcionabilidad, entre otros factores. Aunque en algunos casos este grupo de la población ha sido dividido en tres segmentos que podríamos llamar; 1) Senectud inicial que va desde los 60 hasta los 75 años. 2) Senectud intermedia, que va desde los 76 hasta los 85 años. 3) Senectud avanzada, que va desde los 86 años en adelante, en esta obra no seguimos esta división, así que cuando nos referimos a las personas de edad o personas mayores estamos incluyendo a personas ubicadas en cualquiera de estos segmentos.

Introducción

Al comenzar el siglo veintiuno prácticamente estamos entrando en la era de las personas mayores, ya que, gracias a los avances científicos y tecnológicos en el campo de la medicina, de la psicología, de la sociología y de la teología, el promedio de vida se ha extendido considerablemente. Por ejemplo, en el Siglo XX el promedio de vida en los Estados Unidos aumentó de 47 años en 1900 a 75 años en 1990. Esto indica que en menos de cien años el promedio de vida de las personas que viven en este país se extendió por casi treinta años.[1] En otros países tales como China, Malasia, y Marruecos este promedio se alargó de manera tal, que hoy día las personas están viviendo casi cincuenta años más de vida que sus predecesores.[2]

Se cree que para el 2030 un cuarto de la población norteamericana va a estar constituida por individuos de 65 o más años de edad. En América Latina y el Caribe se estima que para el 2020, ochenta y dos millones de personas tendrán 60 o más años de edad, esto representa el 12.4% de la población.[3] En España el 13.7% (5.4 millones) de la población tiene más de 65 años de edad, se prevee que para el 2020 ésta alcance el 19%.[4]

Según las Naciones Unidas, en 1950 doscientos millones de personas en el mundo tenían 60 años o más de edad y para 1975 esta población se

---

[1] National Center for Health Statistics. (1993). *Advance report of final mortality statistics*, 1990. Hyattsville, MD: Author

[2] *Facts on Aging*. United Methodist News Service. www.umc.org/umms/99/aug/414.htm. 09/12/1999

[3] Organización Panamericana de la Salud. *Las condiciones de salud en las Américas*. Vol. 1, Publicación Científica No. 524, Washington DC, 1990.

[4] Juárez, J.L. (1994). *V Informe sociológico sobre la situación social en España*. Madrid: Fundación Foessa. Y Abellan, A. (1996). *Envejecer en España. Manual estadístico sobre el envejecimiento de la población*. Madrid: Fundación Caja de Madrid. Citados por Feliciano Villar Posada en *Beneficios y Sentido de la Formación en la Vejez*. Psiconet. Temas de Psicogentologia II. http://psiconet.com/seminarios/pgl2 mayo 2000.

incrementó a 350 millones. Actualmente hay 590 millones de personas de edad en el mundo y se espera que para el año 2025 tengamos cerca de 1100 millones de personas con 60 años o más de edad viviendo en este planeta. Estas estadísticas muestran claramente, que no podemos continuar haciendo caso omiso la existencia, crecimiento e impacto que este grupo poblacional tiene en la sociedad. Las personas de edad o mayores (60 años o más de vida) son parte crítica y esencial de nuestra sociedad. El aporte social, tecnológico, científico, económico, moral y religioso que ellas brindan es invaluable y, al mismo tiempo, clave en el proceso de crecimiento y estabilidad global. Dichosamente hoy día se está comenzando a mirar este sector de la población no como un problema que se debe enfrentar sino como a un grupo al que hay que reconocer y respetar por los cambios y las positivas aportaciones que ofrece a la sociedad en general.

Pero si bien es cierto que las personas de edad hacen invaluables aportaciones para el bien común de la sociedad, y que gradualmente se les están reconociendo sus contribuciones, ellas continúan enfrentando grandes desafíos incluyendo los estigmas negativos, la confusión del proceso normal del envejecimiento con enfermedades biológicas y psicológicas, un índice de suicidio relativamente mucho más elevado cuando se le compara con el resto de la población, discriminación en el acceso a los servicios médicos, seguros de vida y médico, limitación en el proceso económico y a los préstamos bancarios, además de otros desafíos físicos, mentales, sociales y espirituales.

El llamado y compromiso para las entidades gubernamentales, sectores privados, comunidades religiosas y familiares, es el de asegurarse de que a las personas de edad no sólo se les garantice el derecho a la vida, a la libertad, a la protección, a la seguridad, y a la educación, sino que, en sentido general ellas consignan los medios, las infraestructuras, y los recursos necesarios para llevar una vida saludable y tener un buen envejecimiento.

Las personas de edad utilizan muchos recursos intrapersonales e interpersonales para hacer frente a estos retos que vienen con el envejecimiento. Un gran número de estudios científicos en el área de gerontología muestra de manera categórica que la espiritualidad y la religión son dos de los elementos claves que las personas mayores usan para enfrentar positiva y saludablemente los desafíos de la vejez. Por ejemplo, más del 80% de

INTRODUCCIÓN

las personas de edad en los Estados Unidos de América declaran que su fe y práctica religiosa son una de las cosas más importantes de sus vidas.[5] Ésta es una de las razones por las cuales dedicamos el primer capítulo de esta obra a explorar los fundamentos bíblicos y teológicos acerca del envejecimiento. Las Sagradas Escrituras presentan de una manera clara al ser humano como un ser holístico e integrado, el que posee una dignidad y un valor inherente, que se genera del hecho de ser creado a la imagen de Dios. Esta dignidad y valor no disminuyen o desaparecen con la edad, así como tampoco, dependen de la productividad del individuo.

Sugerimos que el ser humano puede ser entendido y servido de manera eficiente siempre y cuando se le considere como un todo, tomando en cuenta su aspecto biológico, psicológico, sociológico y espiritual. De hecho, acentuamos que el aspecto espiritual del ser humano es el eje principal del cual dependen las otras dimensiones. El profesor de Medicina en la Universidad de Harvard, Herbert Benson, dice que cada ser humano nace con una predisposición fisiológica y genética para adorar a nuestro Creador, un Dios que quiere estar en constante conexión con nosotros.[6] Es así como sugerimos que a fin de entender el proceso del envejecimiento y la vejez, definitivamente necesitamos incorporar el aspecto espiritual de éste.

En el segundo capítulo se exploran los aspectos biosicosociales del envejecimiento, comenzando por definir los diferentes tipos de edades, incluyendo la edad biológica, psicológica y social. El envejecimiento, común a todos los seres humanos, es un proceso sui generis y multidimensional que evade todo simplismo e intentos de definiciones categóricas. Realmente no se sabe o no se entiende con exactitud el por qué del envejecimiento; sin embargo, discutiremos las teorías más relevantes acerca de este proceso, por cierto misterioso, pero al mismo tiempo completamente natural.

En el capítulo tres abordaremos uno de los regalos más preciados que tenemos como seres humanos, la capacidad de recordar. La capacidad de conectarnos con el pasado, con la historia, a fin de que podamos disfrutar

---

[5] Moberg, D. (1983). *The ecological fallacy: Concerns for program planners.* Generations, 8(1), 12-14. Citado en David Gaber en *Health Promotion and Aging.* (New York, NY: Springer Publishing Company, 1994), 214.

[6] Benson Herbert. *Timeless Healing: The Power and Biology of Belief.* (New York, NY: Scribner, 1996), 196.

y entender el presente así como también proyectarnos con esperanza y optimismo hacia el futuro. Es por eso que nuestro Dios constantemente nos invita a recordar. Presentamos que cada parte de nuestro ser está involucrado en el complejo proceso de codificar, almacenar y recordar eventos que ocurrieron en el pasado. Por muchas razones, las cuales dirigiremos con especial atención en este capítulo, a veces tenemos dificultad en la evocación de las experiencias y eventos trascendentales que hemos tenido en nuestras vidas.

Como seres humanos tenemos la capacidad de pensar, imaginar, interactuar, actuar y de experimentar un cúmulo de sentimientos y emociones. De estas características que nos acompañan desde nuestro mismo comienzo, es de lo que vamos a dialogar en el capítulo cuatro. En nuestra cultura occidental generalmente nos referimos a la depresión y a la ansiedad como algo negativo que necesita ser combatido de manera inmediata. Prácticamente le prohibimos a los seres humanos ser humanos. Muchas veces estos "trastornos emocionales" no son más que nuestro intento de conectarnos con nuestro Creador y con nosotros mismos. Sugerimos que a fin de tener una salud mental equilibrada necesitamos este tipo de experiencias emocionales y espirituales. Por supuesto, entendemos que cuando estas emociones y experiencias humanas son muy acentuadas y continuas y afectan marcadamente nuestro funcionamiento cotidiano, puede ser señal de que necesitamos buscar ayuda médica profesional.

En el capítulo cuatro también presentaremos una manera holística de entender lo referente a los trastornos del sueño, los cuales afligen de manera marcada a las personas de edad. Los trastornos del sueño afectan a la persona en su totalidad y en muchos casos contribuyen a la aparición y/o evolución de enfermedades tanto somáticas como trastornos mentales secundarios.

Otro importante y sin embargo bien malentendido asunto, es acerca de la sexualidad en la vejez. Cuando hablamos de sexualidad no nos estamos refiriendo solamente a los órganos genitales y al sistema endocrino, sino a esa naturaleza sexuada nuestra. Así que, planteamos en este capítulo que la sexualidad es parte de quienes somos y aunque con la vejez, ésta puede tener diferentes maneras de expresarse y experimentarse, no desaparece. La sexualidad es parte de quienes somos por lo tanto permanecerá con nosotros hasta nuestra muerte.

INTRODUCCIÓN

Si bien es cierto que con el envejecimiento pueden venir muchas ganancias, tales como, conocimiento, experiencia, sabiduría, descuentos financieros en diferentes lugares, más tiempo libre, nietos y nietas, y entre otras, también es cierto que con éste vienen muchas pérdidas. Por ejemplo, pérdida de la vitalidad de la juventud, en muchos casos pérdida de salud, pérdida de estatus social, pérdida de control o funcionalidad de nuestro propio cuerpo, pérdidas financieras, pérdida de poder, pérdida de una parte de nuestro cuerpo, entre otras pérdidas. Nuestra respuesta biológica, psicológica, social y espiritual frente a estas pérdidas es lo que llamamos el proceso del duelo, que, es el tópico central del capítulo cinco.

El capítulo cinco también incluye lo referente a la filosofía de *hospice* (estamos usando hospice en lugar de hospicio), la cual tiene como premisa principal facilitar los medios para que cada ser humano viva su vida a plenitud, en lo posible hasta el último momento de su existencia. El hecho de que una persona haya sido diagnosticada con una enfermedad terminal y con menos de seis meses de vida no significa que él o ella no puedan experimentar una integración mental, social y espiritual. Para concluir el capítulo cinco incluimos un comentario sobre el suicidio, otro comportamiento misterioso y bastante complejo.

La discusión acerca del buen envejecimiento ocupará todo el capítulo seis. A través de la historia de la humanidad se puede notar una constante: el anhelo de una vida longeva. Hoy día las personas no sólo esperan vivir largos años, sino también, una vida llena de satisfacción y felicidad. Envejecer bien no significa que los efectos del proceso natural no se dejan ver y sentir, sino que a pesar de los desafíos que la vejez pueda presentar, se puede con fe y con esperanza aprovechar y vivir cada minuto de nuestra existencia. La Organización Panamericana de la Salud menciona que "entre los factores que contribuyen a lograr el buen envejecimiento se destacan la prevención de enfermedades y discapacidades, el mantenimiento de un alto grado de actividad física y de las funciones cognoscitivas, y la participación constante en actividades sociales y productivas".[7]

[7] Organización Panamericana de la Salud y Organización Mundial de la Salud. 25 Conferencia Sanitaria Panamericana. Washington, DC 15 julio 1998. *Salud de las Personas de Edad.*

Siendo que la clave para un buen envejecimiento radica en el vigor, la vitalidad, la capacidad de resistencia (resiliencia), la capacidad de adaptación, el sentido de autonomía y control, el grado de integración social, el estilo de vida, los recursos espirituales de cada persona, así como también, la prevención de enfermedades, hemos dedicado este capítulo a explorar la salud integral en la vejez.

En el último capítulo de este libro analizaremos una de las premisas más importante, aunque bastante olvidada del cristianismo: nos referimos a la vivencia comunal. Hemos sido creados para vivir en comunidad. El aislamiento y la desvinculación social, no solo traen problemas de tipo psicológico sino también físico, y en algunos casos hasta la muerte. Los estudios científicos corroboran que las personas que tienen un amplio grado de apoyo social, tienden a enfermarse menos, tienen un mejor sistema auto-defensivo, requieren menos cantidad de fármacos al enfermarse, tienden a recuperarse más pronto y a durar menos tiempo hospitalizados, así como también, a gozar de una mejor salud mental y espiritual.[8]

Al comenzar este nuevo siglo es mi anhelo y esperanza que nos unamos en el proceso de construir "una sociedad para todas las edades". El desafío no es simple, ya que, en líneas generales nuestra sociedad tiende a pintar un escenario del envejecimiento y de la vejez un tanto negativo, al asociar el éxito y la belleza solo con la juventud. Esta devoción y casi idolátrica actitud hacia la juventud no es un fenómeno reciente ya que los registros de civilizaciones antiguas señalan cómo la humanidad siempre ha estado embarcada en la idea de encontrar el "elixir de la juventud." A esta actitud, que se puede llamar obsesión, ha contribuido grandemente al concepto de que las personas mayores son de menor importancia y valor que el resto de la población. Esta actitud, aunada a la manía que tenemos con la competencia, la productividad y el rendimiento, ha sido usada como excusa para ignorar y, en muchos casos, eliminar a la pobla-

---

[8] Sarafino, E. (1990). *Health Psychology: Biopsychosocial interactions.* New York: John Wiley and Sons. También Sarason, I., et al. (1983). *Assessing social support: The Social support Questionnaire.* Journal of Personality and Social Psychology, 44, 127-139. Citados por David Haber. *Health Promotion and Aging.* (New York, NY: Springer Publishing Company, 1994), 161.

INTRODUCCIÓN

ción de las personas de edad, ya sea de manera directa a través del exterminio, o indirecta al negarles el acceso a los servicios y las atenciones básicas. Necesitamos comenzar a reconocer que cada ser humano, independientemente de la edad, tiene un valor que es intransferible e inmovible. La idea es la de no promover la guerra entre los diferentes grupos de edades de la población, sino lograr que en armonía intergeneracional los talentos, dones, y recursos de todos los sectores puedan estar disponibles para el bien común de la sociedad. Nos conviene mantener en mente que el jardín humano florece y ofrece su belleza en su mayor esplendor cuando está compuesto por seres humanos de diferentes razas, religiones, culturas, colores, y edades. Es en este concepto de interdependencia generacional que podemos experimentar nuestra humanidad de una manera más completa y plena.

Capítulo 1
El envejecimiento y la vejez en el contexto judeo-cristiano

El envejecimiento y la vejez en el Antiguo Testamento

Valor y dignidad del ser humano

Comenzaremos notando el valor y la dignidad humana como es presentada en el Antiguo Testamento. Este valor inherente en el ser humano no cambia con la edad, ya que, se origina del hecho de que todos fuimos creados a la imagen de nuestro Dios. El registro bíblico dice, "Y creó Dios al ser humano a su imagen, a imagen de Dios lo creó. Hombre y mujer los creó" (Génesis 1:27). Creados con libertad de pensamiento y acción. Creados con capacidad co-creadora. Creados con propósito, valor y con la capacidad de vivir en relación estrecha con nuestro Creador y con nuestros semejantes. Creados para vivir en comunidad donde se aprecie el valor del ser humano independientemente de su edad.

Podemos mirar que nuestro valor como seres humanos no lo generamos nosotros mismos y no depende de nuestro género, educación, in-greso económico, posición social, edad, lugar de nacimiento, raza, o preferencia política, por lo tanto, no puede ser removido de nosotros. Aunque golpeado por los años o por enfermedades u otros sufrimientos nuestro valor permanece intacto.

La raza humana es considerada la corona de la creación. Creados para vivir en relación y en comunidad con nuestro Creador, con nuestros semejantes y con la naturaleza. Nuestra existencia entonces tiene sentido y plenitud sólo y sólo si nos mantenemos y nos movemos en esta perspectiva de relación y de comunidad.

Como corona de la creación se nos dio la responsabilidad de administrar el planeta en su totalidad manteniendo siempre en mente que todos los seres humanos somos iguales. Desgraciadamente, después que nuestro primer padre y nuestra primera madre escogieron cortar esa relación y constante comunión con nuestro Creador, hemos perdido lentamente la visión y la razón de nuestra existencia. La realidad es que aunque la imagen de Dios, que implantó en nosotros, no sea tan evidente porque quizá esté cubierta con muchas heridas y sufrimientos (y quizá arrugas), no ha disminuido en lo absoluto, seguimos siendo hijos e hijas de Dios. Él dejó todo con el propósito de reconciliarnos consigo mismo y con nuestros semejantes y por ende con la naturaleza en general. De manera que el valor y la dignidad humana descansan en el amor y el acto creativo de Dios.

Viviendo la vida hasta el mismo final

El pueblo Hebreo veía el hecho de vivir largos años como una bendición especial de Yahvé. "Le haré disfrutar de larga vida: Le haré gozar de mi salvación" (Salmo 91:16). El Rey Salomón refiriéndose a la vejez escribe, "las canas son una digna corona, ganada por una conducta honrada" (Proverbios 16:31). Así que para el pueblo semítico o hebreo, la vejez no era algo que ellos repudiaban, al contrario era vista como algo positivo y de gran bendición. "La gloria de los jóvenes es su fortaleza, la hermosura de los ancianos es su vejez" (Proverbios 20:29). El proceso del envejecimiento y de la vejez era considerado parte natural de la existencia misma. El principio sostenido era que la vida había que vivirla en abundancia desde el comienzo hasta el mismo fin de ésta.

Entendemos que si bien es cierto que la vejez puede brindar muchas bendiciones también ésta ofrece muchos desafíos y pesares. Nuestros órganos y sistemas del cuerpo, lentamente pero de una manera segura, comienzan a deteriorarse trayendo como consecuencia un sinnúmero de dolencias y enfermedades. Las Escrituras hebreas muestran que estas limitaciones pueden variar desde el olvido hasta el colapso total del cuerpo y mente: la muerte. Las limitaciones que vienen con la vejez afectan al ser en su totalidad incluyendo el cuerpo, la mente y el espíritu. El salmista, consciente de los retos de la vejez, ora, "Dios mío, no me abandones aun cuando ya esté yo viejo y canoso, pues aún tengo que hablar de tu gran poder a esta generación y a las futuras" (Salmo 71:18).

El Rey Salomón, probablemente después de haber probado algunos de los efectos negativos de la vejez, al aconsejar los jóvenes escribe, "acuérdate de tu Creador ahora que eres joven y que aún no han llegado los tiempos difíciles; ya vendrán años en que digas: No me trae ningún placer vivirlos" (Eclesiastés 12:1).

Honrando y respetando a las personas de edad

Si bien es cierto que las Escrituras hebreas claramente reflejan la realidad de la vejez, nunca se pierde la perspectiva de que la dignidad humana no se afecta por la edad. Desde el comienzo hasta el fin somos hijos e hijas de Dios creados a su imagen. El Profeta Isaías nos recuerda la fidelidad de nuestro Dios con estas palabras: "… Yo he cargado con ustedes desde antes que nacieran; yo los he llevado en brazos, y seguiré siendo el mismo cuando sean viejos; cuando tenga canas, todavía los sostendré. Yo los hice, y seguiré cargando con ustedes; yo los sostendré y los salvaré" (Isaías 46:3-4).

De hecho, grandes héroes de la fe hicieron sus mayores aportaciones a la humanidad y al servicio de Dios cuando se encontraban ya de avanzada edad. El gran libertador Moisés tenía 80 años cuando Dios le dio la tarea de liberar al pueblo de la mano del Imperio Egipcio. "Moisés tenía ochenta años, y Aarón ochenta y tres, cuando hablaron con el faraón" (Éxodo 7:7).

Caleb, el valiente explorador, cuando tenía 85 años quiso continuar con sus aventuras y conquistas de nuevas tierras y usó como argumento para obtener el permiso, el hecho de que estaba en buena condición física y mental para lograr ese cometido. "Ahora ya tengo ochenta y cinco años, pero todavía estoy tan fuerte como cuando Moisés me mandó a explorar la tierra, y puedo moverme y pelear igual que entonces" (Josué 14:10-11). A lo mejor Caleb estaba siendo muy optimista en su apreciación de sus condiciones físicas, el caso es que él estaba seguro que podía lograr sus propósitos.

Así vemos que las personas mayores ocupaban un lugar muy especial en la comunidad hebrea. En las promesas que se refieren a la restauración del pueblo de Dios el Profeta Zacarías dice, "Ancianos y ancianas se sentarán de nuevo en las plazas de Jerusalén, apoyado cada cual en su bastón a causa de su mucha edad" (Zacarías 8:4). Los ancianos y ancianas del pueblo eran considerados los depositarios de la sabiduría de Dios. Moisés en su cántico nos recuerda esta realidad diciendo, "Vuelve atrás la mirada, piensa en los tiempos pasados; pide a tu padre que te lo diga, y a los ancianos que te lo cuenten..." (Deuteronomio 32:7).

Los consejos de los ancianos eran considerados de alta estima y valor. De hecho, cada vez que los gobernantes ignoraban la asesoría proveniente de los ancianos del pueblo, grandes problemas le venían a la nación. "Los ancianos tienen sabiduría; la edad les ha dado entendimiento" (Job 12:12). Vale decir que las Escrituras hebreas también mencionan que la sabiduría no viene solamente con la edad, sino principalmente con la disposición constante de escuchar y seguir la voluntad de Dios.

Las Escrituras hablan del respeto debido a los ancianos, así como también, de la responsabilidad de asistirlos en sus necesidades físicas, emocionales, sociales y espirituales. En las leyes acerca de la santidad y la justicia encontradas en el libro de Levítico el mandato de cuidar y respetar a los ancianos es muy claro apuntando que, al respetar a los ancianos estaban respetando a Dios. «Ponte de pie y muestra respeto ante los ancianos. Muestra reverencia por tu Dios. Yo soy el Señor" (Levítico 19:32).

El quinto mandamiento reza así, "Honra a tu padre y a tu madre, para que vivas una larga vida en la tierra que te da el Señor tu Dios" (Éxodo 20:12). Eruditos de la Biblia creen que este mandamiento incluye la responsabilidad de respetar y cuidar a los padres y a las madres en la vejez y aún más cuando lleguen al punto en el que ya no puedan cuidarse por sí mismos. «El punto central de este mandamiento es el de asegurar que los hijos e hijas deben cuidar a los progenitores aun cuando ellos estén de avanzada edad. Cuando sus papás y sus mamás de avanzada edad no puedan proveer por ellos mismos para cubrir sus necesidades, es deber de los hijos e hijas tomar completa responsabilidad por ellos. El quinto mandamiento se refiere a este tipo de cuidado".[1]

El teólogo de la Universidad de Tübingen, Alfons Auer, afirma que, "respetar a los padres comprende más exactamente cuatro puntos: a) poner en práctica los modelos de vida tomados de ellos y trasmitirlos a su vez a la generación siguiente; b) garantizarles la asistencia material y un espacio social, en la enfermedad y la vejez; c) si en el proceso de deterioro de sus fuerzas morales, mentales y anímicas aparecieran el endurecimiento egocéntrico, el espíritu de la tradición, la charlatanería y otras necedades, es necesario aceptarlas con paciencia; d) una comunidad así se corresponde con el proyecto de vida de una comunidad en cuyo centro se sitúa Yahvéh".[2]

Este mandamiento de honrar a nuestros padres y madres es el único que viene con una promesa: larga vida. Al cuidar a nuestros progenitores no sólo les hacemos sus vidas más plenas y completas, sino que también, nuestras propias vidas tienen un sentido existencial y un propósito más claro. De hecho, nuestra calidad de relación con nuestros semejantes está grandemente ligada a este quinto mandamiento. Se cree que hay una correlación directa entre la calidad de relación que tengamos con nuestros padres y madres y el tipo de relación que tengamos con Dios y con los demás.

Cabe señalar también, el hecho de que en este mundo imperfecto y lleno de maldad se encuentran padres y madres que han abusado del poder y de la responsabilidad dadas a ellos: el cuidar y levantar a los hijos con amor y gracia respetando siempre la dignidad humana. Muy a menudo oímos hablar de padres o madres que abusan ya sea física, verbal o sexualmente de sus hijos o hijas. En muchos de estos casos a estos hijos o hijas se les hace difícil, por no decir imposible, llevar relaciones saludables con sus progenitores o tutores. Estas experiencias negativas y traumáticas con los progenitores pueden afectar también la calidad de relación que se

---

[1] Clements E. Ronald. *Exodus*. The Cambridge Bible Commentary of the New English Bible (London: Cambridge University Press, 1972), pp. 125.

[2] Auer Alfons. *Envejecer Bien. Un estímulo ético-teológico*. (Barcelona, España: Editorial Herder, 1995), 89-90.

tenga con nuestro Creador. Pero aún en situaciones como estas los hijos o hijas tienen la oportunidad de relacionarse o de identificarse con otras personas quienes, consciente o inconscientemente, asumen o se les da ese rol de padre o de madre. De cualquier manera conviene mantener esto en mente con el fin de evitar generalizaciones, y tratar a cada caso de manera particular. Es bueno recordar que pertenecemos a la gran familia de Dios y que en la deidad—Padre, Hijo y Espíritu Santo, tenemos un ejemplo de relación familiar que conviene imitar.

El envejecimiento y la vejez en el Nuevo Testamento

Los escritores del Nuevo Testamento en su mayoría eran hebreos, por lo tanto, sus escritos reflejan en gran manera la misma enseñanza sostenida por los autores del Antiguo Testamento. Entendemos que cuando Jesús de Nazaret dijo, «Ustedes estudian las Escrituras con mucho cuidado...» (Juan 5:39), se estaba refiriendo precisamente al Antiguo Testamento. Lo mismo con el Apóstol Pablo cuando menciona que «toda la Escritura inspirada por Dios es útil para enseñar y reprender, para corregir y educar en una vida de rectitud, para que el hombre de Dios este capacitado y completamente preparado para hacer toda clase de bien" (2 Timoteo 3:16-17). Es claro que el Apóstol Pablo se refiere a la Palabra inspirada en su totalidad, pero principalmente, a la que se conocía en ese entonces, que era el Antiguo Testamento. Así que, deducimos que los principios sostenidos por Jesús y sus Apóstoles acerca de la dignidad y valor de las personas de edad, son los mismos de aquellos de los patriarcas y profetas.

En el primer libro de la Biblia se registra la expresión de Dios después de haber creado al hombre y a la mujer. "Y vio Dios todo lo que había hecho, y he aquí que *era bueno en gran manera*" (Génesis 1:31). Antes de que se creara al ser humano la creación de Dios "era buena" pero notemos que después de crear al ser humano, hombre y mujer, dice, "*y era buena en gran manera*". Como vimos en nuestra navegación a través del Antiguo Testamento, el ser humano es la corona de la creación, creado a la imagen de Dios para vivir en conexión con Él. A pesar de que nuestros padres escogieron seguir un camino contrario al señalado por Dios, lo cual trajo el pecado a esta humanidad, nuestro Creador continuó con su plan de hacerse Emmanuel a fin de restaurar su relación con nosotros. Decidió venir a nuestro encuentro.

Dios vino al encuentro con Adán y Eva a quienes invitó con amor perdonador a reiniciar la estrecha comunión de la que una vez gozaban. Aunque la Caída afectó la calidad de la relación entre criatura y Creador, nuestro Dios continuó con su cometido de estar cerca y en medio de sus criaturas. Para lograr esta reconexión, utilizó muchas maneras incluyendo símbolos, patriarcas, profetas, sacerdotes entre otros. Sin embargo, queriendo estar más cerca de sus hijos e hijas Dios decidió hacer lo que siempre había planificado: hacerse humano en la persona de Jesús de Nazaret. "Aquél que es la Palabra se hizo hombre y vivió entre nosotros (y vimos su gloria, gloria como del unigénito del Padre), lleno de amor y verdad" (Juan 1:14).

El hecho de que Dios "dejase todo" para habitar con nosotros, nos muestra cuan grande e inimaginable es nuestro valor. Al releer y digerir la parábola de la perla de gran precio podemos interpretar que el Mercader representa a Dios y la perla de mucho valor al ser humano (Mateo 13:45-46). Estas perlas de mucho valor, perdidas y a lo mejor cubiertas con muchas cosas que no les permitían reflejar la belleza y valor de cada una de ellas, representan a cada ser humano independientemente de la edad que tengan. Dios, el Creador del universo, de un universo con más de 40 billones de galaxias, "dejó todo" por nosotros. Es claro que ésta es la mayor demostración de nuestro valor y dignidad. Valor que no disminuye con la edad. Valor que permanece con nosotros desde nuestro comienzo hasta el final de nuestras vidas.

Aspecto holístico e integral del ser humano

El ser humano, como se entiende en la cultura hebrea-semítica, es visto como un ser integral, indivisible, como un todo, donde el alma y el cuerpo representan diferentes aspectos de la misma persona pero no diferentes sustancias o entidades capaces de existir y funcionar independientemente una de la otra. Justo González, pastor metodista y profesor universitario, elegantemente explica la antropología y naturaleza humana en estas palabras, "... el alma y el cuerpo no son dos partes diferenciadas [o sustanciales] de la persona sino diferentes perspectivas o maneras de ver a la misma persona. El ser humano no es una alma que ha tomado un cuerpo, o un cuerpo al cual se le ha añadido una alma, sino un ser viviente quien es al mismo tiempo cuerpo y alma".[3] El teólogo evangélico Karl Barth amplifica esto cuando dice que el ser humano es, «Un todo simultáneamente cuerpo y alma... que no puede ser visto como teniendo dos entidades independientes sino como una entidad... la unidad del alma y el cuerpo no consiste en la unión de dos partes las cuales pueden entenderse o describirse de una manera separada".[4]

El punto que queremos mostrar es que cuando hablamos de honrar a las personas de edad, estamos diciendo que debemos servirles y cuidarles en su totalidad. Mostramos respeto por las personas mayores cuando tomamos en cuenta las diferentes dimensiones de ellos incluyendo lo espiritual, lo físico, lo mental y lo social. No solamente nos preocupamos de que ellos tengan el alimento cotidiano y la medicina que les cura o les alivia sus dolores físicos, sino que, también prestamos atención muy de cerca, a los sentimientos de soledad, pesares, duelos, desánimo existencial y muchos otros desafíos que generalmente les acompañan.

El Nuevo Testamento también presenta al ser humano como un todo integral e indivisible considerando que tanto el cuerpo como el alma son «bueno en gran manera». Un seguimiento cercano de la historia del cristianismo muestra que el concepto griego-helenístico que presenta al alma como "buena" y al cuerpo como "malo" progresivamente llegó a ser muy popular casi desplazando por completo el entendimiento antropológico hebraico. Esta filosofía griega condujo a muchos abusos del cuerpo ya que éste se interpretaba como "malo" y como una "prisión" para el alma.

[3.] González Justo. *Mañana. Christian Theology From a Hispanic Perspective.* (Nashville, TN: Abingdon Press, 1990), 127.
[4.] Barth Karl, *Church Dogmatics* (Edinburgh: T & T Clark, 1936), III/2, p. 372 Citado en Gonzalez Justo. *Mañana. Christian Theology From a Hispanic Perspective.* (Nashville, TN: Abingdon Press, 1990), 127.

Debido a esta influencia griega-helenística, la idea del Apóstol Pablo referente al cuerpo (soma) y la carne (*sarx*) fue interpretada de una manera contraria a lo que él presentó. Para el Apóstol Pablo, quien era un hebreo enseñado en la tradición hebrea, el cuerpo (*soma*) representaba a la persona en su totalidad, dispuesta a alabar al Creador. "Así que hermanos, os ruego por las misericordias de Dios, que presentéis *vuestros cuerpos* en sacrificio vivo, santo, agradable a Dios, que es vuestro culto racional" (Romanos 12:1).

Cuerpo (*soma*) también señala a la estructura corporal que contiene todos nuestros sistemas anatómicos y fisiológicos a través de los cuales la gracia y el poder de Dios se manifiestan por la presencia del Espíritu Santo, por lo tanto, el cuerpo es santo y sagrado. "¿No saben ustedes que vuestro cuerpo es templo del Espíritu Santo que Dios les ha dado, y que el Espíritu Santo vive en vosotros? Ustedes no son sus propios dueños, porque Dios los ha comprado por un precio; por eso glorificad y honrad a Dios en vuestro cuerpo" (1 Corintios 6:19-20).

El Apóstol Pablo enfatiza que el cuerpo es santo y sagrado y "se vestirá de inmortalidad" al momento de la Segunda Venida de Cristo y la Resurrección General. "Cuando esto corruptible se haya vestido de incorrupción, y esto mortal se haya vestido de inmortalidad, entonces se cumplirá la palabra que está escrita: "La muerte ha sido devorada por la victoria" (1 Corintios 15:53-54). Así que el Apóstol Pablo señaló que aunque el cuerpo con sus funciones fisiológicas y mentales se deteriore, el valor de la persona como tal, sigue siendo el mismo, ya que este valor se deriva del hecho de ser creados a imagen de Dios.

Por otro lado, la carne (*sarx*) representa al ser humano en su totalidad con todas sus debilidades y en su mortalidad. La carne (*sarx*) también representa a la persona en rebelión con Dios, a la persona que no ve necesario tener una dependencia constante en el Creador y Redentor. La carne representa a la persona que quiere hacer solo su propia voluntad y no la de Dios. Además, la carne (*sarx*) es vista como esa tendencia natural de ir en contra de la voluntad de Dios. Es la carne (sarx) la que nos compele a llevar vidas independientes de Dios. Es la carne (sarx), esa tendencia natural que nos impulsa a la maldad y rebelión. "Yo sé que en mí, esto es, en mi carne, no mora el bien: porque el querer el bien está en mi, pero no el hacerlo...Por cuanto los designios de la carne son enemistad contra Dios; porque no se sujetan a la ley de Dios y tampoco pueden" (Romanos 7:18; 8:7).

Es la carne la que nos tienta a que nos olvidemos de la realidad de nuestra naturaleza humana; que fuimos creados a la imagen y semejanza de Dios, que fuimos creados un poquito menor que Dios mismo (Salmos 8:5). Es la carne (*sarx*) la que nos invita a que pensemos y nos concentremos solamente en nosotros. "Mas vosotros no vivís según la carne, sino según el Espíritu, si es que el Espíritu de Dios mora en vosotros" (Romanos 8:9). Es por la presencia del Espíritu que podemos mirar más allá de nuestros deseos y conveniencias y honrar a nuestros ancianos y ancianas. Es por la presencia del Espíritu que podemos superar esa tendencia de juzgar a las personas por sus apariencias y edades.

El Apóstol Juan, quien registra las palabras de Jesús diciendo "he venido para que tengan vida, y para que la tengan en abundancia", nos recuerda el plan de Dios al invitarnos a que no nos conformemos a los patrones regulares de la sociedad sino a que vivamos a la luz del reino de Dios. El Apóstol Juan nos desafía a que pensemos y actuemos distinto al patrón general que gobierna esta sociedad. "Porque todo lo que hay en el mundo, los deseos de la carne, los deseos de los ojos, y la vanagloria de la vida, no proviene del Padre, sino del mundo. Y el mundo pasa, y sus deseos; pero el que hace la voluntad de Dios permanece para siempre" (1 Juan 2:16-17).

Jesús de Nazaret, los apóstoles y la vejez

En una sociedad altamente capitalista en la que se enfatiza la productividad y la eficiencia, es fácil contagiarse con la idea de valorar a las personas en función de lo que contribuyen o aportan financieramente a la sociedad. En el Sermón de la Montaña Jesús deja claro uno de los principios de su reino al enseñar que Dios bendice y honra al ser humano no por lo que produce sino por el hecho de que es un ser humano creado a la imagen de Dios. "Por tanto os digo: No se desesperen pensando que habéis de comer o que habéis de beber; ni por vuestro cuerpo, que habéis de vestir. ¿No es la vida más que el alimento, y el cuerpo más que el vestido? Mirad las aves del cielo, que no siembran, ni siegan, ni recogen en graneros; y vuestro Padre celestial las alimenta. ¿No valéis vosotros mucho más que ellas?" (Mateo 6:25-26). El valor y la dignidad una vez más no dependen de la capacidad productiva de la persona, no dependen de la edad sino del hecho de que el ser humano es considerado la corona de su creación. La misma idea la encontramos en la respuesta que Jesús de Nazaret usó para responder a la pregunta, ¿Quién es el más importante?, aquel que se vuelve como niño (Mateo 18:1-5). Los niños y las niñas aunque no producen tienen un valor incalculable. El valor no se deriva de sus capacidades productivas sino del hecho que son criaturas de Dios.

El Nuevo Testamento en general se refiere a la vejez de una manera muy positiva. Hemos escuchado el refrán popular que dice, "loro viejo no aprende a hablar," implicando que es imposible para las personas de edad experimentar cambios y transformación de sus caracteres. Tal inferencia no tiene fundamento bíblico y está bien alejada de la realidad. Analicemos el encuentro que tuvieron Jesús y Nicodemo. "Había un hombre de los fariseos que se llamaba Nicodemo, *un principal entre los judíos*. Este vino a Jesús de noche, y le dijo: Rabí, sabemos que has venido de Dios como maestro; porque nadie puede hacer estas señales que tú haces, si no está Dios con él. Respondiendo Jesús le dijo: De cierto, de cierto te digo, que el que no naciere de nuevo, no puede ver el reino de Dios. Nicodemo le dijo: "*¿Cómo puede un hombre nacer siendo viejo?* ..." (Juan 3:1-4).

Las evidencias externas e internas del texto muestran que Nicodemo era una persona de edad. Podemos observar que Jesús de Nazaret no miró la edad de Nicodemo sino a un hombre que necesitaba experimentar la paz, la salvación y la transformación que solo Dios puede proveer. Jesús vio en Nicodemo a un ser humano capaz de asimilar el poder transformador de la gracia divina. A un ser humano capaz de ser "nacido de lo alto", capaz de nacer de nuevo. El poder de Dios que cambia y regenera, está disponible para todos sin consideración de edad.

Los estudios científicos recientes corroboran esta premisa bíblica que destaca el hecho de que cambios y transformaciones de orden psicológico, social y espiritual ocurren aun en estados avanzados de edad. El

Secretario de Salud de los Estados Unidos bajo el último mandato del presidente Clinton, el Dr. David Satcher, hablando acerca de la capacidad de cambio en las personas mayores dice, "estos cambios pueden ocurrir aun en casos de enfermedades mentales, adversidad, y problemas crónicos mentales. Las personas de edad muestran su flexibilidad en comportamiento, actitud y habilidad para crecer intelectual y emocionalmente".[5] Jesús no sólo valoró a las personas mayores, sino que también, invitó a sus discípulos a hacer lo mismo. En su resumen de los mandamientos dice, "Ama al Señor tu Dios con todo tu corazón, con toda tu alma y con toda tu mente. Este es el primero y mayor mandamiento. Y el segundo es semejante a éste: Amarás a tu prójimo como a ti mismo. Estos dos mandamientos son la base de toda la ley y de las enseñanzas de los profetas" (Mateo 22:37-40). La manera por la cual los seguidores de Jesús serán reconocidos como tales es por el hecho de que mostrarán amor al cuidar el uno del otro. "Esto, pues, es lo que les mando: Que se amen unos a otros" (Juan 15:17; 17:1-26).

El autor de la Carta de Santiago de una manera clara nos recuerda la manera práctica en la cual podemos expresar nuestro amor. "Ustedes, hermanos míos, que creen en nuestro glorioso Señor Jesucristo, no deben hacer diferencia entre una persona y otra...Ustedes hacen bien si de veras cumplen la ley suprema, tal como dicen las Escrituras: Ama a tu prójimo como a ti mismo. Pero si hacen diferencia entre una persona y otra, cometen pecado y son culpables ante la ley de Dios. Porque si una persona obedece toda la ley, pero falla en un solo mandato, resulta culpable frente a todos los mandatos de la ley" (Santiago 2:1, 8-10). El mismo autor hablando acerca de la verdadera religión dice, "la religión pura y sin mancha delante de Dios el Padre es ésta: Ayudar a los huérfanos y a las viudas en sus aflicciones, y no mancharse con la maldad del mundo" (Santiago 1:27).

Este amor que nos mueve al servicio especialmente al servicio de aquellos que generalmente son olvidados por nuestra sociedad, es un amor que proviene de Dios. Este es un amor que nos persuade a pensar no solo en nosotros mismos sino también en aquellos que necesitan de nuestra ayuda ya sea financiera, social, emocional o religiosa. Este es un amor que

---

[5] *Aging*. Microsoft@Encarta@Encyclopedia 2000.

nos motiva a actuar basado en el hecho de que nosotros hemos presenciado y experimentado ese amor divino. "El amor consiste en esto: No en que nosotros hayamos amado a Dios, sino que Él nos amó a nosotros y envió a su Hijo, para que, ofreciéndose en sacrificio, nuestros pecados quedaran perdonados... Nosotros amamos porque él nos amó primero" (1 Juan 4:10, 19).

Nuestro Señor Jesucristo señaló claramente su misión y la de sus discípulos. "El Espíritu del Señor está sobre mí, porque me ha consagrado para llevar la buena noticia a los pobres; me ha enviado a anunciar libertad a los presos y dar vista a los ciegos; a poner en libertad a los oprimidos; a anunciar el año favorable del Señor" (Lucas 4:18-19). Como seguidores de Jesús de Nazaret nosotros abrazamos el mismo principio de amor al tratar de pensar y actuar en la misma manera que nuestro Redentor actuó. "El que dice que está unido a Dios, debe vivir como vivió Jesucristo" (1 Juan 2:6).

Jesucristo amplió esta enseñanza cuando dijo que al demostrar nuestro amor a través del servicio debiéramos primero considerar a aquellos que están más desprotegidos en nuestra sociedad. "Al contrario, cuando tú des una fiesta, invita a los pobres, los inválidos, los cojos y los ciegos; y serás feliz. Pues ellos no te pueden pagar, pero tu tendrás tu recompensa el día en que los justos resuciten" (Lucas 14: 13-14).

El Evangelio según San Lucas presenta a Jesús de Nazaret como el Mesías que vino especialmente para ayudar a los más desafortunados. Este Evangelio presenta a Jesucristo como el Dios de las personas más débiles, más pobres, más necesitadas, y de las que nuestra sociedad olvida. Al explicar las señales que lo describían como el Mesías Jesús dijo, "Vayan y díganle a Juan lo que han visto y oído. Cuénteenle que los ciegos ven, los cojos andan, los leprosos quedan limpios de su enfermedad, los sordos oyen, los muertos vuelven a la vida y a los pobres se les anuncia el mensaje de salvación" (Lucas 7:22).

El Evangelio según San Mateo presenta las palabras de Jesús de Nazaret acerca del Juicio de las Naciones de una manera viva y desafiante. En este cuadro Jesús enfatiza que lo más importante en su reino es la disposición y el cometido que tengamos para servir a la humanidad sin egoísmo y por encima de nuestros intereses personales. Al tener una relación estrecha e íntima con nuestro Salvador, una relación basada en el amor que Dios nos tiene, el resultado natural de esa relación será de servir y ayudar a nuestros hermanos y hermanas, especialmente a los más desafortunados.

Jesús dijo que al ayudar y servir a los más desprotegidos estamos en realidad ofreciéndole a Él nuestra manera más elevada de adoración por el hecho de que cada ser humano es creado a la misma imagen de Dios. "Venid, benditos de mi Padre, heredad el reino preparado para vosotros desde la fundación del mundo. Porque tuve hambre, y me disteis de comer; tuve sed, y me disteis de beber; fui forastero, y me recogisteis; estuve desnudo, y me cubristeis; enfermo y me visitasteis; en la cárcel, y viniste a mí. De cierto os digo que en cuanto lo hicisteis a uno de estos mis hermanos más pequeños, a mí lo hicisteis" (Mateo 25:34-36, 40).

El Apóstol Pablo al instruir al joven Timoteo le recuerda la importancia de tratar con dignidad y respeto a las personas de edad. "No reprendas al anciano; al contrario, aconséjalo como si fuera tu padre; y trata a los jóvenes como si fueran tus hermanos. A las ancianas trátalas como a tu propia madre; y a las jóvenes, como si fueran tus hermanas, con toda pureza. Ayuda a las viudas que no tengan a quien recurrir" (1 Timoteo 5:1-3). El Apóstol Pablo también resalta la responsabilidad y el deber que tienen los familiares de cuidar y proveer a sus ancianos y ancianas. «Pues quien no se preocupa de los suyos, y sobre todo de los de su propia familia, ha negado la fe y es peor que los que no creen" (1 Timoteo 5:8).

Jesucristo fue un Maestro práctico que no dedicó mucho tiempo a las filosofías abstractas muy comunes en su tiempo. Jesús claramente presentó al Dios de la historia. Al Dios que actúa y se mueve bendiciendo a sus hijos e hijas en este mundo. Las promesas del reino no son solamente aplicables para el futuro sino también en tiempo presente. El Evangelio transformador de Jesucristo afecta nuestra realidad hoy, y si bien es cierto que somos peregrinos y nómadas en esta tierra llena de pecado, aquí podemos comenzar a disfrutar un pedacito de esa Nueva Tierra que heredaremos al final de la historia de esta era.

Jesús de Nazaret al enfrentar a ciertos líderes religiosos de su tiempo que estaban comenzando a abrazar la filosofía dualística que separaba lo religioso de lo secular, les recordó el principio del concepto holístico de servicio. Les dejó ver que al servir a nuestro prójimo estábamos de hecho sirviendo a Dios y que el cometido y el deber de honrar a las personas de edad no es invalidado por la práctica de ciertos ritos religiosos. "Porque ustedes dejan el mandato de Dios para seguir las tradiciones de los hombres. También les dijo, para mantener sus propias tradiciones, ustedes pasan por alto el mandato de Dios. Pues Moisés dijo: 'Honra a tu padre y a tu madre y el que maldiga a su padre o a su madre, será condenado a muerte'. Pero ustedes afirman que un hombre puede decirle a su padre o a su madre: No puedo ayudarte, porque todo lo que tengo es corbán (es decir: ofrecido a Dios); y también afirman que quien dice esto ya no está obligado a ayudar a su padre o a su madre. De esta manera ustedes anulan el mandato de Dios con esas tradiciones que se trasmiten unos a otros. Y hacen muchas cosas parecidas" (Marcos 7:8-13). Podemos ver que se asume que los hijos e hijas tenían la responsabilidad de proveer a los padres y a las madres cuando ellos o ellas ya no pudieran sostenerse financieramente por sí mismos.

Quizá valga mencionar que Jesús siempre puso sus enseñanzas en perspectiva. Si servir a nuestros padres terrenales implica abandonar nuestra fe o apartarse del Señor Jesús debemos colocar "el reino de Dios y su justicia primero". La prioridad nuestra es la adoración en espíritu y en verdad a nuestro Creador y Redentor. "Si alguno viene a mí y no me ama más que a sus hijos, a sus hermanos y a sus hermanas, y aún más que así mismo, no puede ser mi discípulo" (Lucas 14:25-26).

Jesús de Nazaret enseñó la ley de su reino de una manera teórica y práctica. Jesús cumplió con su deber de cuidar a sus padres terrenales aun hasta el ultimo momento de su vida cuando colgando sobre la cruz y enfrentando la agonía de la muerte (no solamente la suya sino la nuestra también) le pidió a su discípulo amado que le protegiera y le cuidara a su madre María. Cabe hacer notar que Jesús no vio a su madre como una carga para Juan. María sería una bendición para Juan y Juan sería una bendición para María. Al cuidar de las personas mayores no solo ayudamos sino que también, al mismo tiempo, somos ayudados por ellos, quizá no de manera tangible y claramente evidente, pero de hecho es una relación de mutualidad y simbiotismo. "Junto a la cruz de Jesús estaban su madre, y la hermana de su madre, María esposa de Cleofás, y María Magdalena.

Cuando Jesús vio a su madre, y junto a ella al discípulo a quien Él quería mucho, dijo a su madre: Mujer, ahí tienes a tu hijo. Luego le dijo al discípulo: Ahí tienes a tu madre. Desde entonces ese discípulo la recibió en su casa" (Juan 19:25-27).

Los discípulos siguieron el ejemplo de Jesús al tratar con respeto y dignidad a las personas mayores. El cuidar de las personas mayores fue tan importante para la iglesia naciente de Cristo que los apóstoles tuvieron que reorganizar el liderazgo del nuevo movimiento a fin de asegurarse de que las personas de edad, especialmente las viudas, fueran atendidas debidamente. "En aquel tiempo, como el número de los creyentes iba aumentando, los de habla griega comenzaron a quejarse de los de habla hebrea, diciendo que las viudas griegas no eran bien atendidas en la distribución diaria de ayuda. Los doce apóstoles reunieron a todos los creyentes, y les dijeron: No está bien que nosotros dejemos de anunciar el mensaje de Dios para dedicarnos a la administración. Por eso, hermanos, busquen entre ustedes siete hombres de confianza, entendidos y llenos del Espíritu Santo, para que les encarguemos estos trabajos. Nosotros seguiremos orando y proclamando el mensaje" (Hechos 6:1-4).

La esperanza nuestra descansa en el hecho de que seguimos a un Dios que siempre ha estado muy pendiente de los asuntos de su creación especialmente los nuestros. Un Dios en quien "vivimos, nos movemos, y existimos" (Hechos 17:28). Un Dios que "hace nuevas todas las cosas" (Apocalipsis 21:5). Un Dios que al final de la historia de este planeta caído, renovará y regenerará nuestros cuerpos decadentes por cuerpos nuevos que tendrán la capacidad de vivir para siempre. Un Dios que aun en este mundo decadente nos permite saborear los principios de la eternidad.

Capítulo 2
Aspectos biosicosociales del envejecimiento y la vejez

Tipos de edades

Desde que nacemos comenzamos a experimentar la paradoja de la vida. Por un lado, el proceso biológico que comienza al momento de la concepción sigue su curso hacia la madurez de cada una de nuestras células, tejidos, órganos y sistemas. El otro aspecto de esta paradoja existencial es que con el proceso que llamamos madurez viene también el deterioro o decadencia gradual ya sea si se sigue el curso regular o el deterioro traumático al enfrentar eventos que puedan acelerarlo tales como enfermedades o accidentes.

Este proceso complejo de la madurez existencial es influido por varios factores incluyendo la biología particular de cada organismo así como también el ambiente en el cual la persona se desarrolla y se desenvuelve. Sosteniendo un concepto holístico del ser humano entendemos que todos los aspectos de la persona tales como el biológico, el mental, el social y el espiritual juegan un papel importante en lo que llamamos edad.

Por eso se habla de diferentes tipos de edades. *La edad cronológica* que se refiere al número de años, meses, días, horas, minutos y segundos que ocurren o pasan desde nuestro nacimiento. *La edad biológica* hace referencia a la longevidad que una persona pueda tener basado en la condición y funcionabilidad de sus órganos y de sus sistemas vitales. *La edad psicológica* alude a la capacidad de adaptación que tenga cada persona frente a los cambios y desafíos que la vida le ofrece. *La edad social* se refiere al papel o papeles y expectativas sociales que cada persona tenga de sí misma así como también el rol o roles y expectativas que la sociedad requiera o imponga a esa persona. De hecho, los estudios muestran que el 75% de los cambios relacionados con la edad realmente son el producto de nuestras creencias, y nuestros prejuicios y conceptos erróneos sobre el envejecimiento.[1] Una vez más se reafirma que el proceso para determinar la edad de un individuo o persona es bastante complejo y multifactorial. Esta complejidad nos invita a ser bien cautelosos y tardos en elaborar juicios y conclusiones prematuras.

El envejecimiento y la vejez

Definición

El envejecimiento es un proceso natural y universal de cambios biológicos irreversibles que ocurren a través de la vida, y que tienen como resultando final la muerte.[2] Los profesores Ewald Busse y Dan Blazer, psiquiatras y geriatras del Centro Médico de la Universidad de Duke, señalan que el envejecimiento generalmente se entiende en "términos de efectos adversos del tiempo, aunque ocasionalmente, éste también se refiere al proceso de la madurez y el desarrollo de cualidades deseables".[3] El profesor Harold Koenig, médico geriatra e investigador de la Universidad de Duke, ve la vejez, "Como el proceso de envejecimiento que comienza al momento del nacimiento y culmina con la muerte. Este proceso de envejecimiento enfrenta varios cambios que toman lugar en el transcurso de la vida, cambios que suceden en el ámbito biológico, psicológico y espiritual".[4]

[1] *Mental Health. A Report of the Surgeon General.* Department of Health and Human Services. U.S. Public Health Service. 1999. pp. 338.
[2] Krassoievitch Miguel. *Psicoterapia Geriátrica.* (México, D.F: Fondo de Cultura Economica, S.A. de C.V., 1998), 23. El está citando a Comfort A. *Proceedings: Governor's conference on the quality of life for our senior citizens.* Raleigh, N.C.: Department of Human Resources, 1997.
[3] Busse Ewald W. and Blazer Dan G., *Textbook of Geriatric Psychiatry.* Second Edition. (Washington, DC: American Psychiatric Press, Inc. 1999), 13.
[4] Koenig Harold G. *Aging and God. Spiritual Pathways to Mental Health in Midlife and Later Years.* (Binghamton, NY: The Haworth Press Inc. 1994), xxiii.

El profesor Stephen Sapp de la Universidad de Miami y Editor del Journal of Religious Gerontology, se refiere a la vejez como "el deterioro del organismo, el deterioro de la persona como un todo".[5] Cuando Sapp habla de deterioro del organismo incluye las pérdidas físicas, mentales y espirituales que acompañan al envejecimiento y a la vejez. Observa que actualmente la tendencia es de hablar de la vejez en términos solamente positivos presentándola como un proceso de realización, madurez y plenitud existencial. Sapp considera que este énfasis ha contribuido marcadamente al concepto generalizado que está surgiendo hoy, el cual presenta al envejecimiento como un proceso lleno de promesas muy alentadoras. Él propone que es más saludable presentar a la vejez con todas sus virtudes así como también con todos sus desafíos incluyendo las pérdidas ya sea de fuerzas, de salud, de estatus, de control, de empleo, de capacidad de moverse libremente, de atracción física, de poder decisivo, de familiares y amigos.

En cualquier caso nos conviene mantener en mente que el envejecimiento es un proceso gradual, holístico y altamente individual que involucra la mezcla de factores intrínsecos (genéticos) y extrínsecos (estilo de vida, factores ambientales, entre otros).

Teorías del envejecimiento

Por razones prácticas y diferenciales los científicos del área de geriatría se refieren a la vejez de dos maneras. Una como *la vejez primaria* (senescencia) aludiendo a los cambios biológicos graduales, inevitables, universales e insidiosos pero que no están conectados o causados por enfermedades o por factores ambientales o externos. La otra manera es *la vejez secundaria* (senilidad) la cual se refiere primeramente a los problemas y limitaciones que se originan mayormente por factores externos o ambientales tales como accidentes, traumas, enfermedades, estrés intensivo, entre otros. Estos factores afectan la velocidad en la cual la vejez primaria

---

[5] Sapp Stephen. *Full of Years. Aging & the elderly in the Bible & Today.* (Nashville, TN: Abingdon Press, 1987), 135.

ocurre. Dan Blazer[6] sugiere una tercera manera la cual él llama *"vejez relacionada con enfermedades"*, citando como ejemplo a la enfermedad de osteoporosis que se deriva y está conectada tanto con la vejez primaria así como también con la vejez secundaria.

Debido a lo complejo y a la naturaleza multifactorial del envejecimiento se hace casi imposible explicar con exactitud el hecho del por qué envejecemos. Sin embargo enumeraremos las teorías de la vejez más conocidas.

Teorías biológicas

Varios investigadores señalan que el proceso de deterioro de los órganos y los sistemas biológicos del ser humano comienza aproximadamente a los veinte años y se extiende hasta la muerte. Muchos de ellos, incluyendo al biólogo de la facultad de medicina de la Universidad de California Leonard Hayflick[7], creen que el envejecimiento está directamente ligado con el proceso de mutación de las células. Sosteniendo que cuando las células dejan de dividirse de manera regular, comienzan a envejecer.

Las razones por las cuales las células no siguen dividiéndose normalmente no son muy conocidas. Se cree que hay varios factores que afectan la estructura de las células que a su vez ofuscan la división de ellas. Entre estos factores se mencionan los radicales libres. "También se han relacionado con el envejecimiento los radicales libres (moléculas inestables y altamente reactivas, producto de las vías metabólicas normales, la radiación ionizante, el ozono y las toxinas químicas), como posibles agentes de daños en el ADN, alteraciones en el colágeno y acumulación de pigmentos celulares".[8] Se sabe que los radicales libres juegan un papel importante en el envejecimiento porque el uso de antioxidantes, que neutraliza a

---

[6] Blazer Dan. *Emotional Problems in Later Life. Intervention Strategies for Professional Caregivers.* Second Edition. (New York, NY: Springer Publishing company, Inc. 1998), 4.
[7] Leonard Hayflick. *How We Age.* (New York, NY: Ballantine Books, 1996)
[8] Martínez Larrea J.A. *Envejecimiento Normal, Trastornos Mentales Funcionales y Principios Generales de la Asistencia Psicogeriátrica.* Gerontopsiquiatría. www.intersep.org. 5 de marzo 2000.

estas sustancias radicales, prolonga la vida. En el envejecimiento las moléculas de colágeno y elastina se unen entre si y se hace más duras conllevando a la perdida de elasticidad. Esta pérdida de elasticidad puede ser, en parte, responsable del envejecimiento, por ejemplo el endurecimiento de las arterias, las arrugas de la piel.

El profesor Richard Lerner[9] del Scripps Research Institute en California, por su lado, propone que el envejecimiento se debe a múltiples errores en la división celular y no debido a que las células paren de multiplicarse. Lerner junto a su equipo de investigadores comprobaron que los errores en la división celular o mitosis desencadenan alteraciones en la expresión de los genes provocando el envejecimiento de los tejidos.

Otra teoría señala que la vejez está genéticamente programada por ciertos genes que determinan el proceso que abarca la longevidad de la persona desde el zigoto hasta la muerte. De acuerdo a esta teoría existen genes que a un determinado tiempo son estimulados y comienzan el proceso degenerativo de la vida. Esta teoría sostiene que en el interior de las células hay un cronómetro del envejecimiento y de la muerte. El científico H. Robert Horvitz del Massachussets Institute of Technology reportó el 25 de febrero del 2000 que había identificado una proteína de señalización, que forma parte de la maquinaria natural del suicidio de la célula, la cual puede actuar como una "mensajera de la muerte" que viaja al núcleo celular para ejecutar el proceso de muerte celular programada.[10]

Se continúa haciendo estudios en este campo que trata de entender desde el punto de vista biológico el por qué del envejecimiento. Los últimos estudios están considerando la relación que el sistema endocrino y el sistema auto-inmunitario puedan tener con la vejez. Es sabido que el hipotálamo, como regulador de la producción de estrógenos, está conectado con el envejecimiento. Por su lado, nuestro sistema inmunológico, quien produce "células asesinas" y anticuerpos para protegernos de contra invasores externos tales como bacterias y virus, se

---

[9] Lerner Richard A, Ly Danith H, Lockhart David. Mitotic Misregulation and Human Aging. *Science* 2000 287: 2486-2492.
[10] H. Robert Horvitz en Noticias del HHMI. Instituto Medico Howard Hughes. *Se ha identificado una molécula "mensajera de la muerte"*. http://www.hhmi.org/news/horvitz-esp.htm 13 de marzo del 2000.

asocia con el envejecimiento, porque, con la vejez éste sistema se debilita. Konrad Lorenz argumenta que llega un momento cuando el organismo no puede soportarse a sí mismo y se comienza a auto eliminar de manera lenta.[11]

Teorías neuropsicológicas y psicológicas

No cabe duda que el proceso de la vejez esta influido por factores psicológicos. Sin embargo los científicos en el área de la psicología no han dedicado mucho tiempo al desarrollo de teorías psicológicas del envejecimiento y la vejez.

Los investigadores Diana Woodruuf-Pak y Michelle Papka del Institute of Neurology and Neurosurgery en Nueva Jersey resumen una de las teorías neuropsicológicas de la vejez al afirmar que, "Hay dos grandes cambios en la configuración del cerebro que pueden estar asociados con la vejez cognitiva. Uno de estos cambios se nota en la corteza prefrontal, la cual asienta una colección de habilidades cognitivas que los neuropsicólogos llaman funciones ejecutivas. Un segundo cambio cognitivo que esta relacionado con la vejez tiene que ver con la memoria y con la habilidad de adquirir nueva información declarativa, función que usa el circuito del cerebro en el lóbulo medio temporal".[12]

Martínez Larrea[13] menciona que la mayoría de los estudios psicológicos sobre el envejecimiento se han centrado en tres aspectos: El cognitivo, la personalidad, y estrategias de manejo o *coping*. El aspecto cognitivo se refiere a las funciones intelectuales humanas tales como percepción, memoria, razonamiento, toma de decisiones, resolución de problemas,

---

[11] Lorenz Konrad. *La posición de los ancianos entre los animales sociales, Der alternde Mennsch [El ser que envejece]*; Edición del Osterreichisches Bundesinstitut fur Gesundheitswesen, Viena, 1977, pags. 137-152. Citado por Alfons Auer. *Envejecer Bien. Un estímulo ético-teológico.* (Barcelona, España: Editorial Herder, 1995), 28.
[12] Ver L. Bengtson, y Schaie K. Warner. *Handbook of Theories of Aging.* (New York, NY: Springer Publishing Company, Inc. 1999), 117.
[13] Martínez Larrea J.A. *Envejecimiento Normal, Trastornos Mentales Funcionales y Principios Generales de la Asistencia Psicogeriatrica.* Gerontopsiquiatria. www.intersep.org. 6 de enero del 2000.

integración de conocimientos complejos, entre otros. La personalidad puede hacer referencia a la manera en que la persona piensa, siente y actúa así como también a las ideas y creencias que sostiene. Las estrategias de manejo o *coping* habla de las fortalezas y habilidades tanto intrapersonales como interpersonales que tenga la persona para enfrentar los desafíos propios de la vida.

La Psicóloga Ursula Lehr[14] quien refuta la teoría deficitaria, que presenta a las personas mayores como incapaces de hacer introspecciones, crecer emocionalmente y con capacidades intelectuales atrofiadas, concluye que en efecto no se puede hablar de una disminución de la inteligencia en las personas mayores ya que lo que se modifica es la rapidez de la capacidad de reorientación y combinación. Esta profesora de la Universidad de Bonn, añade, que las personas mayores que gozan de un estimulo ambiental favorable, de una buena salud y que se mantienen activos tienden a conservar sus agilidades mentales hasta la senectud avanzada. Así que la mayoría de las personas mayores además de tener la capacidad de incorporar nuevos conocimientos pueden experimentar cambios conductuales y trasformaciones trascendentales.

Teorías sociales

Hasta hoy no se tiene una teoría sociológica del envejecimiento y la vejez que se pueda aplicar universalmente a todas las personas de la tercera edad. Martínez Larrea menciona "dos aspectos que son de especial interés en la sociología del envejecimiento: La relación de las personas de edad con la sociedad y el rol y estatus que ellos tienen. El ajuste social de las personas de edad está influido por factores como el sexo, la edad y el grado de industrialización de la sociedad en que viven".[15]

---

[14] Lehr U. *Psicología de la senectud*. (Barcelona, España: Editorial Herder), 1995. Citado por Alfons Auer. *Envejecer Bien. Un estímulo ético-teológico*. (Barcelona, España: Editorial Herder, 1995), 33-34.

[15] Ibid.

Los sociólogos y gerontólogos no se han puesto de acuerdo en lo que se refiere al impacto que la comunidad tenga en el proceso del envejecimiento. Un grupo de ellos argumentan que la vejez debe ser una etapa de aislamiento o desvinculación social donde las personas de edad puedan concentrarse más en ellos mismos a fin de que puedan alcanzar la plenitud de la vejez. Esta idea es mejor conocida como la *"teoría de la desvinculación"*. La reacción en contra de esta teoría no se dejo esperar. Los profesores Ragan y Wales tratando de desmantelar esta hipótesis afirman que "la teoría de la desvinculación sería una suerte de racionalización social que provee una explicación para la situación de los ancianos: Estos se desvinculan de sus roles previos porque es necesario para la sociedad y para beneficio de ellos mismos. La desvinculación correspondería, entonces, a una percepción deformada pero que no refleja el deseo de los ancianos... La desvinculación es el ejemplo más claro de los sistemas ideológicos que acompañan y sustentan el status de inferioridad asignado al grupo social de los ancianos".[16]

En contraste la *"teoría de la actividad"* presenta que el contacto social activo es indispensable para las personas de edad ya que de éste depende la realización de ellos. El médico geriatra y profesor en la facultad de medicina de la Universidad Autónoma de México Carlos d'Hyver dice que, "Se ha comprobado que con el pasar de los años el deterioro funcional y mental está en relación con la inactividad que presentan las personas, convirtiéndose en uno de los factores extrínsecos de mala calidad de vida en personas de más de 75 años de edad. La premisa es que 'para vivir cien años es indispensable contar con una labor especifica que ocupe nuestro tiempo en forma fija, dándonos la responsabilidad de cierta actividad' lo que favorece la autoestima, factor indiscutible para la realización de cualquier ser humano".[17]

---

[16] Ragan, P.K. y Wales, J.B. *"Age stratification and the life course"*, en J.E. Birren y R.B. Sloane (comp), *Handbook of Mental Health and Aging*. Prentice-Hall, Inc. Englewood Cliffs, N.J., 1980. Citado por Krassoievitch Miguel. *Psicoterapia Geriátrica*. (México, D.F: Fondo de Cultura Económica, S.A. de C.V., 1998), 30.

[17] d'Hyver Carlos. *Manual Clínico de Geriatría*. (México, D.F.: Ciencia y Cultura Latinoamericana, S.A. de C.V., 1998), 3.

La profesora y psicóloga Bernice Neugarten[18] de la Universidad Northwestern, propone un *"modelo social continuo"*, el cual mantiene que las personas de edad tienden a comportarse de acuerdo a los patrones de relaciones sociales que él o ella establecieron desde su juventud. En ocasiones ellos se desentienden del ambiente con el propósito de encontrarse a sí mismos ya sea por medio de la reminiscencia, la introspección y por llegar a estar consciente de sus nuevas realidades. Pero estas mismas personas en otras circunstancias se tornan o permanecen socialmente activos. También se nota que algunas personas mayores eliminan ciertas actividades y al mismo tiempo incorporan nuevas prácticas que son más adecuadas a su estado de salud y al ambiente en el que viven.

Enfermedades causantes de la vejez prematura

Hay varias enfermedades y síndromes que aceleran o se asemejan al proceso de la vejez. Entre éstas se destacan el Síndrome Progeria o Síndrome de Hutchinson-Gilford que es una enfermedad rara y de origen desconocido que hace que niños o niñas envejezcan casi diez veces más rápido de lo normal. La mayoría de los niños afectados con ésta enfermedad no alcanzan a llegar a la edad adulta aunque en apariencia física se vean como ancianitos o ancianitas. Otra enfermedad que causa la vejez prematura es el síndrome de Werner. Esta enfermedad hereditaria generalmente comienza en la adolescencia y ya a los 30/40 años las personas con este síndrome tienen la apariencia de una persona de 70/80 años.

Hacia un buen y mejor envejecimiento

A través de la historia de la humanidad se puede notar que el ser humano en general anhela una vida longeva. Hoy día las personas no solo

---

[18] Neugarten B: *Personality in Middle and Later Life*. New York, Atherton, Press 1964. Citado por Busse Ewald y Blazer Dan en *Textbook of Geriatric Psychiatry*. Second Edition. (Washington, DC: American Psychiatric Press, Inc. 1996), 19.

esperan vivir largos años sino también vivir una vida llena de satisfacción y felicidad. Esto es lo que muchos llaman un buen envejecimiento o una vejez exitosa. (Preferimos la expresión "buen envejecimiento" o "envejeciendo con dignidad" sobre "envejecimiento exitoso", ya que ésta última puede denotar la idea de competencia, que consideramos incita al prejuicio y a la discriminación). Envejecer con virtud y dignidad no significa que los efectos del proceso no se dejen ver y sentir, sino que a pesar de las dificultades que presenta la vejez se puede con fe y esperanza aprovechar y vivir cada minuto de nuestra existencia. Envejecer con éxito tiene que ver con la manera y actitud únicas y particulares con las que cada persona enfrenta las dificultades que la vida le presenta.

Dan Blazer[19] hace referencia a ciertas características propias de personas mayores que llevan una vida longeva 'exitosa". Entre estos factores está *el vigor, la vitalidad física y mental, la capacidad de aguante o resistencia* (resiliencia), *la capacidad de adaptación, el sentido de autonomía y control, el grado de integración social, el estilo de vida y el sistema alimentario* de cada persona, y nosotros añadimos el grado del uso de recursos espirituales.

Rowe y Kahn[20] dicen que para envejecer exitosamente se requiere una combinación de varios factores incluyendo la prevención de enfermedades e incapacidades, mantener altos niveles de actividad física y mental, y una sostenida participación en la sociedad o en la comunidad en la cual la persona vive.

La Organización de las Naciones Unidas (ONU)[21] en su compromiso de darles a las personas de edad el verdadero lugar que les corresponde en la sociedad insta a los gobiernos a que establezcan programas que promocionen el buen envejecimiento. Estos programas han de promover:

---

[19] Blazer Dan. *Emotional Problems in Later Life. Intervention Strategies for Professional Caregivers.* Second Edition. (New York, NY: Springer Publishing company, Inc. 1998), 242-250.
[20] Rowe, J.W., & Kahn, R.L. (1987). *Human Aging: Usual and Successful.* Science, 237, 143-149. Citado en *Adult Development and Aging.* Fourth Edition. By Hoyer W., Rybash J., y Roodin P. (Boston, MA: McGraw-Hill. 1999),14-15.
[21] *Principios de las Naciones Unidas en favor de las personas de edad.* 16 de diciembre de 1991. http://www.aarp.org/intl/declspan.htm 4 de abril 2000.

1) *La independencia* que de *jure* corresponde a las personas de edad. Independencia en el proceso de decidir por ellas mismas y para acceder a programas de salud, vivienda, laborales y educativos, sin ser discriminadas por su edad.

2) *La participación* activa e integral de las personas de edad en la sociedad donde con intercambios intergeneracionales puedan compartir sus conocimientos y habilidades.

3) *El cuidado integral y holístico* de la persona. Las personas de edad deberán tener acceso a servicios de atención de salud integral que les ayuden a mantener o recuperar un nivel óptimo de bienestar físico, mental, social y espiritual, así como también a servicios de medicina preventiva. Las personas de edad deberán tener acceso a servicios sociales y jurídicos que les aseguren mayores niveles de autonomía, protección y cuidado. Se les debe asegurar a las personas mayores que sus derechos humanos y libertades fundamentales no pierden vigencia al vivir en instituciones o residencias geriátricas. Si tienen que mudarse a una institución geriátrica, ésta ha de brindar el servicio con pleno respeto de su dignidad, creencias o convicciones, necesidades e intimidad, así como de su derecho a tomar decisiones sobre su cuidado y sobre la calidad de su vida.

4) *El derecho de las personas de edad a recibir un trato digno y respetuoso* libres de explotaciones y de maltratos físicos o emocionales. Las personas de edad deberán recibir un trato digno, independientemente de la edad, sexo, raza o procedencia étnica, discapacidad u otras condiciones, y han de ser valoradas sin considerar sus contribuciones económicas.

5) *La autorrealización* al proveer servicios que ofrezcan el ambiente necesario para que las personas de edad desarrollen plenamente sus potencialidades como seres humanos. Estos servicios deberán asegurar el acceso a los recursos educativos, culturales, espirituales y recreativos de la sociedad.

Mitos y verdades de la vejez y envejecimiento

Lo más difícil de la vejez y del envejecimiento no es el hecho de avanzar en edad sino el enfrentarse a los estereotipos, mitos y prejuicios que abundan en nuestra sociedad. "Los prejuicios negativos dicen que las personas de edad son viejos enfermos, deprimidos, pobres, e inactivos sexualmente o asexuados. Los positivos, que son todos buenos, sabios, amables, ricos. Y la paradoja es que la vejez es la etapa en la cual se observan la mayor cantidad de variaciones en la personalidad y carácter de una persona. Hay tantas maneras de ser viejo como viejos hay".[22]

Como hemos mencionado, el sector poblacional compuesto por personas de 60 años de vida o más, es bastante diverso y heterogéneo, por lo tanto, necesitamos en lo posible, no hacer generalizaciones. Si bien es cierto que enfrentan desafíos biológicos, emocionales y sociales remarcables, también es cierto que más del 50 por ciento de ellos o ellas expresan llevar una vida bastante satisfactoria y con una salud que va de buena a excelente. La mayoría de ellos goza de un grado de independencia bastante aceptable y permanece activo en la comunidad a la cual pertenece casi hasta el mismo final de su existencia.

---

[22] *La Vejez: Mitos y Verdades*. Revista La Nación On Line. http://www.lanacion.com

Capítulo 3
Por qué se me olvidan las cosas

Memorias y recuerdos

La capacidad de recordar es una de las herramientas más importante con que el ser humano ha sido dotado. Gracias a nuestra memoria nos podemos conectar con la historia, con el pasado; entender y disfrutar el presente así como también proyectarnos con fe hacia el futuro. El Dios al que seguimos y servimos constantemente nos invita a recordar. "Acuérdate de tu Creador..." (Eclesiastés 12:1). A través de la Biblia encontramos la invitación a recordar como Dios nos ha cuidado, protegido y amado. Pero aun en el caso de que nuestra memoria nos falle tenemos la seguridad, como lo afirma la Biblia, de que Dios es un Dios que recuerda y que nunca nos olvidará.

Cuando decimos memoria nos estamos refiriendo a un proceso biológico y mental bastante complejo que nos permite movernos en la historia de este mundo. Generalmente se refiere a la memoria como a las habilidades que tenemos de codificar, almacenar y recuperar (o recordar) información de hechos o experiencias que ocurrieron en tiempo pasado. Este pasado puede ser algo que sucedió hace sólo segundos o algo que sucedió muchos años antes.

Existen varios modelos y propuestas de cómo la memoria funciona, sin embargo; ésta continua eludiendo explicaciones simplistas. La memoria como tal representa un misterio más de la complejidad del ser humano, desafiando así nuestra tendencia dualística de entenderla. Se alude que no existe un lugar especifico y único para la memoria sino que todo el organismo está involucrado en el proceso de codificar, almacenar y recordar eventos que ocurrieron en el pasado.

Uno de las teorías más usadas habla no de una memoria sino de varias memorias las cuales son clasificadas basándose en el tiempo que dura cada una de ellas. *La memoria de corto plazo,* que se refiere "al dónde y cómo el ser humano almacena las representaciones temporarias de hechos u objetos para su procesamiento inmediato".[1] "Si la información no se usa prestamente de manera que pueda ser almacenada en la memoria de largo plazo, ésta puede darse por perdida".[2]

La memoria de largo plazo señala la información que permanece almacenada por largo tiempo. La memoria de largo plazo consiste de dos sistemas que son funcionalmente y neurológicamente distintos. Estos sistemas se conocen como memorias declarativas (o explícitas) y memorias no-declarativas (o implícitas) Las memorias declarativas señalan las experiencias o hechos del pasado que podemos recordar y que se pueden expresar en forma discernible. En contraste, las memorias no-declarativas hacen referencia a la influencia que esas experiencias o hechos del pasado tienen que ver con el actual comportamiento de la persona pero que no pueden ser expresadas en forma discernible (Por ejemplo, manejar un carro, caminar, andar).[3]

Luisa Acrich de Gutmann,[4] profesora de la facultad de psicología de la Universidad de Buenos Aires, menciona que dentro de la memoria declarativa se puede diferenciar *la memoria episódica* de *la memoria semántica.* La *memoria episódica* se refiere a la memoria autobiográfica de eventos ligados a contextos temporales y espaciales específicos. La persona no sólo recuerda el evento sino que también recuerda cuándo y dónde lo aprendió. La *memoria semántica* hace referencia al conocimiento general del mundo el cual es independiente de un contexto de aprendizaje específico y sin hacer referencia a eventos particulares de la vida de la persona.

---

[1] Glosario de Carlos von der Becke. *Memoria de Corto Plazo.* http://www.argenet.com.ar/~von/H/memory-s.html 29 de julio 1998.

[2] Busse Ewald W. and Blazer Dan G., *Textbook of Geriatric Psychiatry.* Second Edition. (Washington, DC: American Psychiatric Press, Inc. 1999), 106-107.

[3] Schacter, D.L. & Tulving, E. (1994). (Eds.), *Memory Systems.* Cambridge, MA: MIT Press. Citado en *Adult Development and Aging.* Fourth Edition. By Hoyer W., Rybash J., y Roodin P. (Boston, MA: McGraw-Hill. 1999),268.

[4] Acrich de Gutmann Luisa. *Posibilidades de Intervención Frente a los Trastornos de Memoria Asociados a la Edad.* En la obra compilada por Leopoldo Salvarezza. *La Vejez. Una Mirada Gerontológica Actual.* (Buenos Aires, Argentina: Editorial Paidos, 1998), 280-281.

El médico y profesor de la facultad de medicina de la Universidad de Buenos Aires, Rudy Bernabeu, señala que los procesos involucrados en la memoria incluyen:

1. *Adquisición* que consiste en la asociación de estímulos o de estímulos y respuestas entre sí.
2. *Consolidación*: La memoria de una experiencia reciente es intensa, tiende a reflejar de manera precisa la experiencia original que la creó; y a la vez es frágil, por la extrema susceptibilidad que exhibe frente a distintos tipos de estímulos capaces de alterarla. Por esto, la memoria es menos intensa a medida que transcurre el tiempo, pero también se torna más estable y resistente. Es decir, lo que pierde en precisión lo gana en persistencia. Esta fijación progresiva en función del tiempo se le denomina 'consolidación.'
3. *Almacenamiento y Conservación*: Las memorias no se almacenan en los mismos lugares donde se consolidan.
4. *Evocación*: No es posible medir la memoria, tan sólo se puede evaluar de acuerdo a lo que se evoca de ella. Existe la dificultad que postula que se tienen más memorias almacenadas de las que se logran evocar. Todos hemos tenido alguna vez la sensación de que nos acordamos de algo pero no logramos evocarlo. Hasta ahora se desconoce cómo ocurre la evocación, pero si sabemos que no es una re-creación del hecho vivido y almacenado. También se postula que la evocación está influenciada por el estado de ánimo, por ejemplo en pacientes deprimidos no existe una verdadera amnesia, es en realidad una dificultad en la evocación de memorias.
5. *Dependencia de estado*: Ciertas memorias que se adquieren bajo ciertos estados (farmacológicos u hormonales, por ejemplo bajo el efecto del alcohol u opioides) sólo pueden ser evocadas claramente cuando la persona se encuentra nuevamente en ese mismo estado.
6. *Olvido*. Este es quizás el aspecto más sobresaliente de la memoria. No es un fenómeno de aprendizaje sino un hecho pasivo, no causado por estímulo alguno, sino por ausencia de estimulo, por mero pasaje del tiempo. Es posible que sea fácil olvidar una memoria que se 'usa' poco, que no se repite, que no se evoca con frecuencia. Es

importante recalcar que olvido es diferente que amnesia. El olvido aumenta con la edad de la persona.

7. *Destrucción*: Sería la pérdida de información o el no poder evocar temas que no comprendemos (entendemos) bien. Estas fallas esporádicas de la memoria pueden ser consecuencia de desatención, cansancio o quizás algún grado de ansiedad y depresión.[5]

Reminiscencia

Cada ser humano es una historia viviente. A través de nuestras vidas colectamos un sin número de experiencias y acontecimientos que en gran manera definen lo que somos hoy. Estas experiencias pueden ser divididas entre placenteras y amargas pero en conjunto componen nuestra historia.

La reminiscencia nos sirve como vehículo para conectarnos con el pasado y así encontrarle sentido al presente y a la misma vez movernos con optimismo hacia el futuro. La reminiscencia es como subirse a la cumbre de la montaña de la vida y mirar con el ojo del presente lo que nos sucedió en el pasado. Él médico geriatra Leopoldo Salvarezza define reminiscencia como, "Una actividad mental organizada, compleja y que posee una finalidad instrumental importantísima: La de permitirle al sujeto reafirmar su autoestima cuando sus capacidades psicofísicas y relacionales comienzan a perder vitalidad".[6]

Virginia Viguera[7] menciona seis maneras en las cuales la función de la reminiscencia puede ayudar a las personas de edad en el proceso de un buen envejecimiento: 1. Esta favorece la integridad, al conectar el pasado con el presente dándole un sentido de continuidad a la vida. 2. La reminiscencia tiende a reforzar la identidad de la persona así como también a mantener un auto-concepto saludable. 3. La reminiscencia puede ayudar a la persona a re-visitar experiencias del pasado con una perspectiva dife-

---

[5] Rudy Bernabeu. *Hacia una Neuroquímica de la Memoria.* http://www.alzheimer.com.ar/biblioteca/art3.htm 5 de mayo del 2000

[6] Salvarezza L. *Psicogeriatría*. Paidos. Bs. As. 1988. Citado por Virginia Viguera. Temas de Psicogerontologia. Reminiscencia. http://www.psiconet.com 3 de abril del 2000

[7] Ibid.

rente permitiendo así el surgimiento de nuevos significados existenciales. 4. La reminiscencia puede ser un instrumento que ayude a las personas de edad a mirar las pérdidas que han tenido y a comenzar un proceso de duelo saludable. 5. La reminiscencia puede fortalecer y animar a las personas mayores, ya que les sirve como vehículo para celebrar todas las victorias y los triunfos que han tenido a través de su larga vida. 6. La reminiscencia puede promover la preservación cultural, la transferencia de valores y el sostenimiento de la memoria colectiva.

Al tratar de colectar nuestra historia nos daremos de cuenta que es imposible y diríamos innecesario recordar todas las experiencias que hemos pasado ya que son muchas, así que selectivamente evocamos aquellas que más significativamente marcan nuestra existencia. Hay varios medios que nos pueden asistir en el proceso de recordar estas experiencias, entre los cuales podemos mencionar álbumes fotográficos, recortes de periódicos y de revistas, colecciones de cartas, y diarios personales o autobiografías. *La terapia de revisión de la vida* puede ser bastante apropiada en el proceso de usar la historia de vida de una persona como agente terapéutico.

Eva Muchinik, psicóloga y profesora en la Universidad Belgrano de Argentina, nos invita a recordar que la "memoria es un proceso activo y que toda historia de vida como relato es una reconstrucción, en principio al servicio del mantenimiento del *self* y al reforzamiento de la autoestima. La reminiscencia tiene diferentes objetivos y no es igualmente significativa para todos los sujetos: existen grandes diferencias individuales y sirven a distintas necesidades".[8]

El olvido y la pérdida de memoria

El olvido es parte del proceso normal de la mente. El hecho de que se nos olviden algunas cosas no significa que estamos perdiendo la memoria. El profesor Daniel Schacter de la Universidad de Harvard, ofrece

---

[8] Muchinik Eva. *El Curso de la Vida y la Historia de Vida*. En la obra compilada por Leopoldo Salvarezza. *La Vejez. Una Mirada Gerontológica Actual*. (Buenos Aires, Argentina: Editorial Paidos, 1998), 330.

algunos consejos acerca de cómo distinguir el olvido normal de las pérdidas patológicas de la memoria. Dice, "la próxima vez que se les olvide donde dejaron la llave del carro no tienen que preocuparse o pensar que van a tener la enfermedad de Alzheimer. Tampoco tienen que preocuparse si no pueden recordar el nombre de un amigo aunque lo tengan en la punta de la lengua. Sin embargo, si se les olvida que ustedes poseen un carro o no pueden recordar su propio nombre entonces hay lugar para comenzar a preocuparse".[9]

Luisa Acrich de Gutmann sugiere un método grupal de entrenamiento de la memoria que combina el aspecto pedagógico con acciones terapéuticas que nos puede ayudar a recordar aquello que necesitamos evocar. Este método, inicialmente propuesto por Wilson y Moffat, esta planeado para diez sesiones y es recomendable usarlo en los primeros estadios del olvido y bajo la supervisión de un psicoterapeuta o consejero profesional:

1. Cómo funciona mi memoria: Se trabaja aquí los distintos tipos de memoria y se ayuda a los participantes a autoevaluarse en este aspecto.
2. Cómo aprovechar al máximo la memoria: Se enfatiza la relación entre estado de ánimo y percepción de la propia memoria. Se trabaja con la confianza en sí mismo.
3. Cómo recordar más fácilmente: Se trabaja con cuatro tipos de ayuda para la memoria: a) almacenamiento a corto plazo: Listas de compras, cuadernos de notas, memos. b) almacenamiento a largo plazo: Enciclopedias, agendas telefónicas, guías de calles. c) planificadores: Agendas y calendarios, y d) cambios ambientales: Formación de hábitos que permitan guardar las cosas siempre en el mismo lugar.
4. Cómo lograr mayor concentración: Se aprenden técnicas para evitar el cansancio, las distracciones y la intromisión de otros pensamientos.

[9] Schacter, D.L. (1996). *Searching for memory*. NY: Basic Books. Citado en *Adult Development and Aging*. Fourth Edition. By Hoyer W., Rybash J., y Roodin P. (Boston, MA: McGraw-Hill. 1999), 294.

5. Cómo alcanzar la perfección a través de la práctica: Se establecen rutinas de repaso de los conocimientos que se quieren recordar en forma de tarea para la reunión siguiente.
6. Cómo recordar las cosas que tenemos que hacer: Se diferencia este tipo de memoria de otras formas y se dan tareas para realizar en el domicilio.
7. Cómo recordar información tal como las noticias: Se utiliza el método de hacer preguntas sobre el texto: ¿Quién? ¿Cuándo? ¿Cómo? ¿Por qué? Luego se repasa y se repite hasta que se aprenda.
8. Cómo escuchar y expresar ideas: Los miembros del grupo eligen un tema que deben presentar ante los demás.
9. Cómo enfrentar los problemas: Se encaran otros problemas que pueden tener los concurrentes, sean otros aspectos cognitivos o bien familiares, emocionales, financieros o legales y, en caso de necesidad, se sugiere o provee asistencia específica.
10. Cómo aplicar las técnicas aprendidas: Se favorece la aplicación de lo aprendido a situaciones de la vida cotidiana.[10]

Luisa Acrich de Gutmann agrega que en el trabajo grupal se brinda también información a los pacientes acerca del funcionamiento de la memoria, se procesa la angustia provocada por los olvidos, se crea un espacio social agradable y de pertenencia, se favorece el intercambio de experiencias, se vinculan los aprendizajes con las actividades cotidianas, se fortalece la autoestima y se estimula una relación diferente ante la familia y otros seres significativos.

Memorias falsas

El tema de las memorias falsas es bastante controvertido y difícil de tratar. El concepto parte de que muchos profesionales del campo de la salud mental usando terapias introspectivas supuestamente ayudan a las

---

[10] Acrich de Gutmann Luisa. *Posibilidades de Intervención Frente a los Trastornos de Memoria Asociados a la Edad*. En la obra compilada por Leopoldo Salvarezza. *La Vejez. Una Mirada Gerontológica Actual*. (Buenos Aires, Argentina: Editorial Paidos, 1998), 288-289.

personas a 'recordar' eventos y experiencias traumáticas, tales como abusos sexuales ocurridos cuando estaban pequeños.

Hay estudios científicos[11] que demuestran que muchas de estas 'memorias' son falsas o implantadas por los terapeutas, quienes en el afán de conseguir una explicación de una conducta determinada o de una estructura de pensamiento que los pacientes están mostrando, (que tanto ellos como el paciente no entienden), siembran dudas y promocionan falsos recuerdos.

No podemos negar la realidad alarmante de la existencia casi universal de esta plaga social maliciosa y detestable que es, el abuso sexual de menores. De paso, por razones difíciles de aceptar, muchas sociedades han hecho oído sordo al clamor de niños y niñas quienes han sido sometidos a este tipo de abusos. Por muchos años, psicoterapeutas responsables han provisto un ambiente de confianza y seguridad que les ha permitido a los y las sobrevivientes de estos abusos alcanzar sanidad emocional permitiéndoles así llevar una vida funcional y satisfactoria en la sociedad a la cual pertenecen.

Debido a la actuación de ciertos psicoterapeutas inescrupulosos, se cree que las 'memorias falsas' son las responsables de que muchas familias se hayan roto y de que muchos honestos y dedicados padres y madres, maestros y maestras, pastores y pastoras, estén hoy en la cárcel ya que con la ayuda de terapeutas irresponsables muchos niños y niñas fueron sugestionados para que confesaran abusos sexuales que probablemente nunca ocurrieron. De hecho, los estudios muestran que las personas de edad y los niños son los más susceptibles a tener memorias falsas.

Por otro lado sabemos que hay ciertas enfermedades o trastornos mentales que puedan inducir a una persona a recordar cosas que realmente nunca sucedieron, como es el caso de dificultades amnésicas y del síndrome de Korsakoff.

Lo que queremos enfatizar es que necesitamos tener sumo cuidado al manejar lo que llamamos memorias, ya que tienen el potencial de ser engañosas y están sujetas a imprecisiones. Afortunadamente hoy día cientí-

---

[11] Loftus, E.F., & Ketcham, K. (1994) *The Myth of Repressed Memories*. New York: St. Martin's Press.

ficos de este campo han desarrollados instrumentos y metodologías que pueden ayudar a los psicoterapeutas y asesores legales a diferenciar las memorias falsas de las verdaderas.

Demencias

La demencia se entiende como un conjunto de síntomas relacionados con diferentes enfermedades teniendo como principal característica el deterioro gradual de nuestras capacidades cognoscitivas o intelectuales.[12] Más específicamente demencia se define como "una deficiencia en la memoria de corto y largo plazo asociada con problemas del pensamiento abstracto, problemas con el juicio, otros trastornos de la función cerebral y cambios en la personalidad. El trastorno es lo bastante severo como para dificultar significativamente la capacidad para realizar las actividades rutinarias".[13]

Alistair Burns y Tony Hope señalan ciertos elementos que tienen que tomarse en consideración a fin de diferenciar entre la demencia y otros tipos de problemas con la memoria. Ellos dicen que a fin de saber si estamos frente a un caso de demencia, primero hay que saber si, "el deterioro cognoscitivo afecta tanto a la memoria como a otros procesos intelectuales tales como el pensamiento abstracto. Un deterioro de la memoria en sí mismo (por ejemplo pérdida de memoria debido a un infarto cerebral), no es demencia aunque por lo general el primer síntoma de ésta es la pérdida de memoria. Segundo, el deterioro cognoscitivo tiene que representar una decadencia en referencia al estado mental anterior. Tercero, el deterioro mental tiene que ser sostenido. Finalmente, la persona tiene que estar completamente consciente. Esta es la principal característica por la que se puede diferenciar la demencia de delirio".[14]

---

[12] Busse Ewald W. and Blazer Dan G., *Textbook of Geriatric Psychiatry*. Second Edition. (Washington, DC: American Psychiatric Press, Inc. 1999), 214.

[13] *Hoja Informativa: Demencia*. http://noah.cuny.edu/sp/illness/mentalhealth/cornell/conditions/spdementia.html The New York Hospital & Cornell Medical Center. 14 de mayo 2000

[14] Alistair Burns y Tony Hope en *Psychiatry in the Elderly*. Second Edition. Editado por Robin Jacoby y Catherine Oppenheimer. (Oxford, England: Oxford University Press, 1997), 456.

Se habla de varios tipos de demencia entre las que se encuentran *las demencias degenerativas* que incluyen: la enfermedad de Alzheimer, la enfermedad de Parkinson, demencia en la enfermedad de Huntington, demencia de los cuerpos de Lewy y demencias del lóbulo frontal. Dentro de las demencias no degenerativas se encuentran la demencia vascular (demencia debido a multi-infartos cerebrales), la enfermedad de Creutzfeldt-Jakob, la demencia causada por desordenes psiquiátricos, la demencia compleja relacionada con el SIDA, la demencia relacionada con el abuso de drogas, la demencia causada por desordenes endocrinos (la enfermedad de Addison, la enfermedad de Cushing), demencia debida a deficiencias vitamínicas, demencia causada por traumatismo craneoencefálico, entre otras.

La enfermedad de Alzheimer

La demencia en conexión con la enfermedad de Alzheimer es la más común (constituye un 50 a 60% de los casos de demencia), y generalmente se expresa o manifiesta en la tercera edad. Cabe notar que el deterioro mental causado por la enfermedad de Alzheimer no es parte del proceso normal de la vejez. La enfermedad de Alzheimer descrita inicialmente por el Dr. Alois Alzheimer in 1907, afecta nuestra capacidad de recordar, reconocer, razonar, actuar y de expresar nuestros sentimientos cambiando nuestro mundo personal de manera radical. Existen varias teorías acerca del desarrollo de esta enfermedad, sin embargo, las causas de ésta no son claramente conocidas lo que hace más difícil el tratamiento de ella.

Kaufman[15] señala que personas en el primer estadio de la enfermedad de Alzheimer pueden llegar a ser bastante conversadores, sociables y físicamente bien saludables pero con deterioro mental al nivel de juicio y memoria. Estas personas pueden confundirse fácilmente de noche o cuando están en ambientes que no les son familiares. La segunda fase de la

---

[15] Kaufman, D.M. (1990) *Clinical Neurology for Psychiatrists*. Philadelphia: WB Saunders Co. Citado por Harold Koenig en la obra *Aging and God. Spiritual Pathways to Mental Health in Midlife and Later Years.* (Binghamton, NY: The Haworth Press, Inc., 1994), 368-369.

enfermedad de Alzheimer se caracteriza por la pérdida de memoria y deterioro intelectual bastante marcado y evidente. Además de las dificultades de expresarse y de comprender la comunicación ya sea verbal o por escrito. Igualmente en esta fase el paciente generalmente experimenta episodios de depresión y alucinaciones. Del 20 al 40% de pacientes que presentan alucinaciones pueden desarrollar psicosis. En la fase final tanto el aspecto físico así como el mental de la persona se deteriora profundamente al punto de que llegan al completo enmudecimiento y estado vegetativo asumiendo una postura fetal.

Como hemos visto la enfermedad de Alzheimer conlleva de una manera paulatina la pérdida de nuestras habilidades para comunicarnos con el mundo exterior y con nuestro propio mundo. La mayoría de las personas afectadas con esta enfermedad tienen gran dificultad para completar oraciones largas e identificar la palabra o palabras que corresponden a un objeto en particular. Por ejemplo, algunas personas con esta enfermedad saben lo que es un carro pero no pueden evocar la palabra correspondiente para éste. La manera de percibir al mundo y a las cosas también es grandemente afectada.

Esta enfermedad afecta cada dimensión del ser humano incluyendo lo físico, mental, social y espiritual. La personalidad de estos pacientes sufre cambios radicales y exhibe maneras de pensar, actuar y expresarse que sorprende a los más allegados quienes estaban acostumbrados a relacionarse con ellos en formas muy distintas. Por ejemplo, algunos de ellos, quienes previo a que desarrollaran la enfermedad de Alzheimer eran bien introvertidos y tranquilos, pueden tornarse por momentos extrovertidos, violentos y abusivos. Socialmente estas personas tienden a separarse de sus entornos amistosos y familiares ya sea por pena o por falta de ánimo o interés en asuntos que antes les importaban.

El aspecto religioso de la persona también es afectado por esta enfermedad debido a que muchos se frustran al no poder usar la manera acostumbrada de conectarse con Dios. Hemos observado, sin embargo, que pacientes aun en la fase final de la enfermedad pueden responder al uso repetitivo de lecturas bíblicas, cantos religiosos o himnos que eran familiares y significativos para ellos.

Demencia vascular o demencia debida a multi-infartos cerebrales

La demencia vascular o demencia debida a multi-infartos cerebrales es el segundo tipo de demencia más común y constituye un 15 a 30% de los casos de demencia. Cuando se habla de demencia vascular se está haciendo referencia a "una entidad que engloba todos aquellos síndromes que causan deterioro global de funciones cognitivas superiores secundarias a lesión parenquimatosa cerebral de etiología vascular (tales como multi-infartos cerebrales, lesiones de pequeños vasos, isquemia cerebral crónica, hematomas cerebral múltiples, micro-trombosis)".[16]

Demencia debida a la enfermedad de Parkinson

La enfermedad de Parkinson (lleva el nombre del Dr. James Parkinson quien fue el primero que la identificó), es una enfermedad neurológica (más especifico una alteración de los ganglios básales cerebrales), que en sus fases terminales afecta la memoria y la capacidad intelectual. Aproximadamente el 20% de las personas que sufren de Parkinson tarde o temprano desarrollan demencia.

Demencia debida a la enfermedad de Huntington

La enfermedad de Huntington es un desorden hereditario y progresivo del sistema nervioso donde las personas que la sufren tienen movimientos y contracciones nerviosas involuntarias de los brazos, la cara, las piernas y el cuerpo en general. Al progresar, la enfermedad afecta la capacidad cognoscitiva e intelectual de la persona hasta el punto de dejarla completamente dependiente de otros para su cuidado en general.

---

[16] A. Rayuela Rico, et al. *Demencia*. Centro Web de La Sociedad Española de Psiquiatría. http://intersep.org/manual/alln2.htm 23 de enero 2000.

Demencia debida a la enfermedad de Creutzfeldt-Jakob

La enfermedad de Creutzfeldt-Jakob es una enfermedad degenerativa cerebral progresiva causada por un virus (o por partículas proteicas a las que el Neurólogo Stanley Prusiner llamó Prion). Esta enfermedad deteriora de una manera progresiva las funciones intelectuales, de juicio, y la memoria de las personas.

Delirio

El delirio es una condición o síntoma común a muchas enfermedades en que los pacientes expresan temporalmente confusión, incoherencia de pensamientos, desorientación, dificultades de concentración y atención. El delirio es causado por diferentes factores incluyendo desórdenes metabólicos, intoxicación con medicinas, enfermedades crónicas, estrés intensificado, desórdenes neurológicos, desnutrición y deshidratación, infecciones, entre muchos otros.

Observaciones generales acerca de la demencia y el delirio

Como puede verse la demencia es un síndrome difícil de entender y manejar. Además del tratamiento médico, las personas que sufren de este síndrome necesitan apoyo psicológico, social y espiritual. Al tratar de ayudarlas debemos recordar que el hecho de que estén confundidas o desorientadas no significa que su dignidad disminuya; continúan siendo seres humanos creados a la imagen de Dios, por lo tanto capaz de responder a su gracia y misericordia. El desafío que enfrentamos al ayudar a personas afectadas con demencia es bastante acentuado ya que probablemente necesitemos modificar u olvidarnos un poco de nuestras propias realidades y concentrarnos en las realidades de ellas, así mismo como explorar nuevos modos de comunicarnos y de entender sus mundos.

Al trabajar con personas mayores que sufren de demencia lo más conveniente es relacionarnos con ellas de manera digna y con respeto. Podemos ser más efectivos en el proceso de ayudarlas si les escuchamos sus historias o cuentos sin cuestionarles. Por lo contrario, en muchos casos es recomendable seguirles la línea de pensamiento, validando sus emociones y animándolos a que compartan, ofreciéndoles una atmósfera amistosa y acogedora.

También es bastante recomendable ofrecerles un ambiente que sea confortable pero sobre todo que sea familiar, limitando al mínimo los cambios. Es muy recomendable que estén expuestos a actividades y objetos que les sean conocidos.

Asistiendo a los que asisten y cuidan a las personas con demencia

Necesitamos tomar en consideración que cuidar una persona afectada con demencia es bastante retante así como estresante, al punto de que en muchos casos aquéllos que se ocupan de cuidarla sufren considerables quebrantos de salud. La *National Family Caregivers Association y Fortis Long-Term Care*[17] informó en 1998 que el 61% de las personas que se ocupan de cuidar personas afectadas con demencia experimentaron una depresión como consecuencia de las exigencias físicas y emocionales de este trabajo. Este porcentaje es seis veces más alto que el promedio nacional de personas que sufren depresión clínica.

Este informe también señala que el 50% de las personas que proveen servicio continuo a personas con demencia experimentó insomnio. Las personas que atravesaron episodios depresivos de insomnio también se mostraron más inclinadas a enfrentar otros problemas de salud así como también experimentar sentimientos de soledad, frustración y tristeza en comparación con aquellas personas que tienen otro tipo de trabajo o responsabilidad.

Un grupo de médicos de la Universidad de Harvard y del Massachussets General Hospital sugieren doce puntos o afirmaciones que pueden

---

[17] National Family Caregivers Association. (1998). *A Profile of Caregiver*. Take Care. Volume 7. Number 2.

ayudar a las personas que ayudan y cuidan a familiares con demencia. Estas afirmaciones son:

1. Aunque no puedo controlar el proceso de la enfermedad, necesito recordar que puedo controlar muchos aspectos de cómo ésta afecta a mi pariente.
2. Necesito cuidarme a mí mismo o misma para poder seguir haciendo las cosas que son importantes.
3. Necesito simplificar mi modo de vivir para que mi tiempo y energía estén disponibles para las cosas que son realmente importantes en este momento.
4. Necesito cultivar el don de permitir que los demás me ayuden ya que el cuidado de mi pariente es un trabajo muy arduo para ser llevado a cabo por una sola persona.
5. Necesito tomar un día a la vez en lugar de preocuparme acerca de lo que puede suceder o no en el futuro.
6. Necesito estructurar mi día ya que un horario consistente nos facilitará la vida a mí y a mi pariente.
7. Necesito desarrollar un buen sentido del humor ya que la risa ayuda a poner las cosas en una perspectiva más optimista.
8. Necesito recordar que mi pariente no está siendo difícil a propósito; lo que pasa es que su comportamiento y emociones son distorsionados por la enfermedad.
9. Necesito enfocarme en y gozar de lo que mi pariente todavía puede hacer en lugar de lamentarme constantemente sobre lo que ha perdido.
10. Necesito depender cada vez más de otras relaciones en las que pueda encontrar apoyo.
11. Necesito muy a menudo recordarme a mí mismo/a mí misma que estoy haciendo lo mejor que puedo en esta circunstancia.
12. Necesito la ayuda de una fuerza superior que creo que está disponible para mí.[18]

---

[18] Well Connected at http://www.well-connected.com/report.cgi?id=02 Alzheimer Disease. Marzo 2000. La fuente original para estos pasos se encuentra en The American Journal of Alzheimer's Care and Related Disorders & Research, Nov/Dec 1989.

Capítulo 4
Aspectos emocionales del envejecimiento y la vejez

El lado positivo y negativo de las emociones

Como seres humanos tenemos la capacidad de pensar, de actuar e interactuar y de experimentar sentimientos y emociones. Estas características propias de nuestra humanidad nos acompañan desde el mismo nacimiento hasta nuestra muerte. Dependiendo de la hostilidad o receptividad del ambiente social en el cual nos encontramos decidimos expresar o suprimir estas características humanas. Generalmente cuando envejecemos se nos hace más difícil evitar no ser humanos por lo tanto tendemos a expresar más nuestra humanidad.

Desdichadamente, algunas corrientes filosóficas griegas que consideran el cuerpo y las emociones como detrimentales para el alma todavía continúan en nuestra cultura occidental cristiana. Este modelo de pensamiento ha promovido la idea de que si nos sentimos tristes, preocupados, ansiosos, o si experimentamos sentimientos de soledad es porque algo no está bien y por lo tanto necesita ser 'curado' o arreglado. La verdad es que en la mayoría de estos casos estamos simplemente siendo humanos ejerciendo nuestra capacidad trascendental y nuestro sentido de conexión con nuestro Creador y con nosotros mismos.

Los escritores de la Biblia, quienes sostenían un concepto integral del ser humano, no veían las emociones como negativas sino como dones de Dios a fin de que los seres humanos pudieran experimentar la vida a su plenitud. Por ejemplo, el Rey Salomón menciona que la "tristeza enmienda la mente" (Eclesiastés 7:3). El Apóstol Pablo dice que, "La tristeza según la voluntad de Dios produce arrepentimiento para salvación, del cual no hay que arrepentirse" (2 Corintios 7:10). El Señor Jesucristo en el famoso Sermón del Montaña declara, "Bienaventurados los que lloran porque ellos recibirán consolación" (Mateo 5:4). Los escritores de los Evangelios refiriéndose al aspecto emocional del Señor Jesús registran que Él experimentó tristeza, depresión, ansiedad, ira, pesar, miedo, frustración así como también alegría y gozo (Juan 11:33, 35, 38; Mateo 21: 12-16; 23:37; 26:38,40; 27:46; Marcos 14:33; Lucas 19:45-46).

El profesor de psicopatología y psiquiatra Jordi Font[1] de la Fundació Vidal i Barraquer se refiere a un tipo de depresión saludable que puede reflejar un proceso de maduración espiritual caracterizado por la lucha interna ante el egoísmo propio, y el sufrimiento de pérdidas y de renuncias entre otras. Por esto creemos que a fin de tener una sanidad mental y espiritual necesitamos este tipo de experiencias emocionales y espirituales. Estas experiencias se acentúan cuando enfrentamos situaciones difíciles o de crisis que amenazan nuestra estabilidad emocional. Cuando estas emociones y experiencias humanas son tan acentuadas y continuas que afectan nuestro funcionamiento cotidiano, puede ser indicativo de que nuestra capacidad de resistencia y manejo de crisis ha llegado a un límite, por lo tanto debemos admitir que necesitamos ayuda más allá de lo que nuestros recursos intrapersonales pueden ofrecernos.

Depresión

La disposición de ánimo, los sentimientos y las emociones son parte de nuestra esencia humana. Cuando fuimos creados se nos dotó con todos los elementos necesarios para experimentar la vida a plenitud y a fin de vivirla necesitamos involucrar todo nuestro ser en el sentido emocional, intelectual, social y espiritual.

Después de la Caída toda nuestra naturaleza fue afectada y desde entonces tendemos a la desintegración y al desequilibrio de nuestro ser. Debido a ese proceso entrópico y degenerativo enfrentamos muchas dolencias y enfermedades.

[1] Jordi Font. *Religión, Psicopatología y Salud Mental*. (Barcelona: Espana, Ediciones Paidos, 1999), 109-117.

Debido a que sostenemos el principio bíblico de integración y holismo de la persona, no queremos hacer divisiones de dolencias o enfermedades de la mente y dolencias o enfermedades del cuerpo sino más bien queremos promover el hecho de que cada enfermedad o dolencia afecta tanto al cuerpo como a la mente. Así que al hablar de enfermedades tales como depresión clínica y ansiedad entendemos que éstas afectan no solo un aspecto de la persona sino a su totalidad.

Esta manera de entender la depresión fue sostenida y promocionada por médicos tales como Emil Kraplein (1856-1926), Adolf Meyer (1866-1950), David Henderson (1884-1965), Robert Gillespies (1897-1945), John Harvey Kellog (1852-1943), quienes propusieron un concepto y tratamiento integral de este trastorno del ánimo. Ellos recomendaban la implementación de una dieta balanceada, descanso, terapia ocupacional, hidroterapia, actividades recreativas, terapia de luz, entre otros. Los estudios más recientes también hacen énfasis en el carácter holístico de la depresión clínica.

Los trastornos depresivos en general se caracterizan por desgano, pérdida de interés en todo lo que se hace, desilusión, pérdida de deseos y motivación, tristeza, desesperanza, vacío, sentimientos de culpa, baja autoestima, sentimiento de inutilidad, pérdida del apetito, disminución de la líbido, cansancio, falta de energía, entre otros síntomas. La depresión es causada por una combinación de factores que incluyen aspectos biológicos, psicológicos, sociológicos y espirituales.

La depresión es un trastorno recurrente y persistente que si no se trata puede tener repercusiones fatales. Por ejemplo el 70% de las personas que cometen suicidio habían sido diagnosticadas con uno o más trastornos del ánimo. Además, el riesgo de suicidio en una persona que sufra de depresión es 30 veces más elevado que el resto de la población.[2] Así que no podemos seguir ignorando esta enfermedad ya que afecta por lo menos a un 20 por ciento de la población de los Estados Unidos de Amé-

---

[2] Rudd, M.D., Rajab, M.H., et al. (1996). Effectiveness of an outpatient problem-solving intervention targeting suicidal young adults: Preliminary results. Journal of Consulting and Clinical Psychology, 64, 179-190. Citado por Thomas E. Joiner en la obra editada por Sara Honn Qualls y Norman Abeles, *Psychology and the Aging Revolution* (Washington, DC: American Psychological Association, 2000), 225.

rica y según la Organización Mundial de la Salud a 340 millones de personas en el mundo.

El *Manual Diagnóstico y Estadístico de los Trastornos Mentales (DSM-IV)* divide los trastornos depresivos en *trastorno depresivo mayor*, *trastorno distímico* y *trastorno depresivo no especificado*. El *trastorno depresivo mayor* se caracteriza por uno o más episodios depresivos en los que generalmente no se altera el pensamiento o el sentido de la realidad del individuo. Un episodio se refiere a un periodo de al menos 2 semanas en el cual la persona haya tenido un estado de ánimo deprimido acompañado por la pérdida de interés en todo lo que se hace. El *trastorno distímico* se caracteriza por un estado de ánimo crónico depresivo sostenido la mayor parte del día y durante la mayoría de los días en un periodo por lo menos dos años.

Otros trastornos del ánimo incluyen los trastornos bipolares que se caracterizan por la presencia de episodios maníacos, episodios mixtos o episodios hipomaníacos habitualmente acompañados con episodios depresivos mayores. Un episodio maníaco se refiere a un periodo concreto de al menos una semana durante el cual el estado de ánimo de la persona es anormal y continuamente elevado, expansivo o irritable. Estos cambios de ánimo también son acompañados de al menos tres de estos síntomas: aumento de la autoestima o grandiosidad, disminución de la necesidad de dormir, fuga de ideas, distraibilidad, lenguaje verborreico, aumento de las actividades intencionadas e implicación excesiva en actividades placenteras con un alto potencial para producir consecuencias graves. El episodio mixto hace referencia a un periodo de tiempo de por lo menos una semana de duración durante el cual la persona presenta los síntomas tanto de un episodio maníaco como de un episodio depresivo mayor.

El Secretario de Salud de los Estados Unidos de América, Dr. David Satcher, quien en 1999 hizo historia al publicar el primer y más completo informe sobre la salud mental, afirma que, "La depresión en personas de edad avanzada además de causar distrés y sufrimiento puede llevar al deterioro físico, mental y social. Esta enfermedad en la mayoría de los casos pasa inadvertida y por lo tanto no es tratada. Parte del problema es que no es tan fácil diferenciar entre la depresión y muchas otras enfermedades que comúnmente afectan a las personas de edad. Del 8 al 20 por ciento de las personas mayores que viven con sus familiares, y hasta el 37 por ciento de aquellos que viven en instituciones sufren de síntomas depresivos. El tratamiento de la depresión es bastante exitoso con índices de recuperación que van del 60 al 80 por ciento".[3]

Como puede verse los trastornos depresivos son tratables y la mayor parte de las veces curables. Sin embargo, el índice de personas mayores que mueren como resultado directo o indirecto de la depresión clínica es bastante alarmante. En los Estados Unidos de América la tasa de suicidio entre las personas mayores de 65 años es bastante elevado cuando se le compara con el resto de población. Esta es una de las razones por las que hemos dedicado una sección de este libro al tema del suicidio. Por lo tanto, necesitamos de manera agresiva, educar a la población en general acerca de esta enfermedad así como también asistir en el tratamiento de ésta. El tratamiento de la depresión ha de enfocarse desde el punto de vista integral utilizando elementos farmacológicos, psicológicos, sociales y espirituales a fin de tratar no la enfermedad solamente sino a la persona como tal.

El profesor e investigador de la Universidad de Duke, Dr. Harold Koenig[4] menciona que debido al hecho de la efectividad del uso de recursos espirituales por parte de las personas mayores para manejar o sobrellevar la depresión, es recomendable apoyar, animar y respetar las creencias y los comportamientos religiosos de aquellos pacientes que consideran de valor sus herencias religiosas. Para pacientes que sólo presentan reacciones depresivas menores, la psicoterapia pastoral puede ser suficiente. Para aquéllos con problemas mayores de depresión se recomienda la combinación de asistencia médica y pastoral.

El profesor, médico e investigador José R. Rodríguez sugiere que se consideren los siguientes puntos al tratar a personas mayores con síntomas depresivos:

---

[3] *Mental Health. A Report of the Surgeon General.* Department of Health and Human Services. U.S. Public Health Service. 1999. pp. 346.
[4] Koenig Harold G. *Aging and God. Spiritual Pathways to Mental Health in Midlife and Later Years.* (Binghamton, NY: The Haworth Press Inc. 1994), 243.

1. Proveer una línea de apoyo y esperanza en forma preventiva, sobre todo la presentación de Cristo como agente de descarga y también de crecimiento, de formación, y de transformación.
2. Disminuir la vulnerabilidad personal mediante la identificación y el manejo de factores de alto riesgo como son la pobreza y la marginación social entre otros.
3. Desarrollar la habilidad de interrelacionarse y romper con estigmas sociales, sobre todo aquéllos que establecen la incapacidad del anciano para mantenerse activo y aportar a su ambiente social.
4. Reconocer que tenemos limitaciones y, que de ser necesario, debemos referir a la persona a otro profesional de la salud aunque eso no implica que perdamos contacto con las persona o dejemos de brindarles nuestra ayuda pastoral.
5. Ser pacientes y perseverantes.
6. Reconocer que la iglesia está llamada a ser una comunidad terapéutica y es nuestra responsabilidad aportar para que así sea.[5]

Ansiedad

La ansiedad se refiere a un estado emocional, biológico, social y existencial bastante complejo que involucra al ser entero y es otra de las herramientas afectivas con las cuales hemos sido dotados con el fin de experimentar la vida en su plenitud. Podemos experimentar ansiedad cuando enfrentamos situaciones internas y externas que amenazan nuestra seguridad o cuando estamos frente a eventos desconocidos para los cuales pensamos o creemos que no tenemos salida o control. Al estar ansiosos podemos mostramos excesivamente preocupados, angustiados o temerosos.

Queramos o no diariamente experimentamos niveles saludables de ansiedad, que, de paso, son necesarias para nuestro crecimiento y nuestra

---

[5] José R. Rodríguez. *El Fenómeno de la Depresión en la Persona Envejecida y la Intervención de Consejería Pastoral.* En la obra *Psicología y Consejo Pastoral: Perspectivas Hispanas.* Editado por Damnoiel S. Schipani y Pablo Jiménez. (Decatur, GA: Libros AETH, 1997), 177-178.

madurez como cristianos. Estos niveles saludables de ansiedad nos ayudan a estar conscientes de nuestra finitud humana y de nuestra dependencia en el Creador. Las Sagradas Escrituras reiteradamente nos invitan a estar alerta y a velar. "Velad, pues, porque no sabéis a qué hora ha de venir nuestro Señor" (Mateo 24:42). El hecho de estar alerta y velando implica cierto nivel de ansiedad, necesario para nuestra madurez espiritual. "Velad, estad firmes en la fe" (1 Corintios 16:13).

Durante los cuarenta días que Jesucristo pasó en la tierra después de su resurrección se le apareció al Apóstol Pedro y le preguntó, "Simón, hijo de Juan, ¿Me amas? Él respondió: 'Sí, Señor. Tú sabes que te amo'. Jesús le dijo: "Cuida de mis corderos... Cuida de mis ovejas" (Juan 21:15-19). Cuidar por nuestros semejantes implica mostrar interés por ellos y estar dispuestos a estar con ellos cuando enfrenten los desafíos de la vida. Como seres sociales creados para estar en relación con nuestros semejantes tenemos el compromiso de ayudarnos unos a otras. El hecho de que nos preocupemos y nos interesemos en ayudar a nuestro prójimo significa movernos fuera de nuestro confort y pensar en la otra persona, y al hacer esto podemos sentirnos ansiosos. La palabra cuidar en sí misma implica ansiedad. El diccionario dice que cuidar e interesarse en alguien significa preocuparse y estar inquieto por el bienestar de la otra persona. Literalmente dice, "Cuidar implica angustia y ansiedad mental debido al peso de la responsabilidad que asumimos al genuinamente preocuparnos y mostrar empatía por los demás".[6] Estos niveles saludables de angustia nos señalan que estamos interesados y preocupados no solamente por nuestro bienestar sino también por el bienestar de aquéllos que nos rodean. Así que pedirle a un ser humano que no tenga ansiedad es pedirle que deje de ser y de existir.

Decimos esto acerca de la ansiedad porque normalmente tenemos la tendencia a mirarla como un estado emocional negativo que tenemos que combatir. Harold Koenig dice que, "niveles moderados de ansiedad ayudan a la persona a crecer y a madurar psicológica y espiritualmente. La mayoría de terapeutas concuerdan en que cierto nivel de ansiedad es ne-

---

[6] Webster's New Collegiate Dictionary. Springfield, MA: G. & C. Merriam CO., Publishers 1961.

cesario para poder experimentar cambios significativos en la vida...Es más, cierto nivel de ansiedad puede ser necesario a fin de desarrollar una personalidad y un carácter ideal".[7] La Biblia también habla de temer a Dios. Este temer a Dios se refiere a una actitud de reverencia y adoración al Dios Creador y Omnipotente. Es un temor que, independientemente de nuestra edad, nos anima y nos motiva a crecer espiritualmente y a efectuar cambios positivos en nuestras vidas.

Por otro lado, el doctor Koenig dice que, "La ansiedad puede ser excesiva, dañina y sin ningún propósito positivo. Hay al menos dos situaciones en las cuales esto ocurre: Primero, cuando no hay esperanza de cambio en la persona y segundo cuando la ansiedad es exagerada, desproporcionada como resultado de influencias genéticas o biológicas".[8]

Tipos de ansiedades

La Asociación Norteamericana de Psiquiatría en el Manual Diagnóstico y Estadístico de Trastornos Mentales (DSM-IV)[9] menciona en detalle los diferentes criterios para determinar el grado de ansiedad que las personas experimentan. Este manual hace referencia a varios tipos de ansiedades, entre las cuales se encuentran: *La crisis de angustia o los ataques de pánico* que se caracterizan por la aparición súbita de síntomas de aprehensión, terror y, habitualmente con paranoia acerca de la muerte. *La agorafobia* que tiene que ver con la angustia proveniente de querer evitar estar en situaciones o lugares que sean amenazantes para la persona. *Fobias* que implica ansiedad como resultado de exponernos a situaciones, eventos u objetos temidos que se tratan de evitar a toda costa. *Trastorno obsesivo-compulsivo* se refiere a los pensamientos, las ideas y los impulsos compulsivos de carácter recurrente que ciertas personas enfrentan y que consumen su tiempo afectándoles sus relaciones y las funciones regulares de la vida.

---

[7] Koenig Harold G. *Aging and God. Spiritual Pathways to Mental Health in Midlife and Later Years*. (Binghamton, NY: The Haworth Press Inc. 1994), 249
[8] Ibid. 249.
[9] Manual Diagnóstico y Estadístico de los Trastornos Mentales (DSM-IV). Edición en Español Barcelona: España. Mason, S.A.1995.

ASPECTOS EMOCIONALES DEL ENVEJECIMIENTO Y LA VEJEZ

En la vejez el grado de preocupación y la angustia generalmente son más acentuados debido a los constantes desafíos que producen. Generalmente las preocupaciones financieras y familiares; las condiciones de vida y de salud; la pérdida de control y de estatus social; la enfermedad y la inseguridad se hacen más evidentes cuando alcanzamos la vejez. Si las preocupaciones, temores y angustias son tan marcadas que afectan el funcionamiento regular de la persona y sobrepasan su capacidad emocional de resistencia es necesario que se busque ayuda de un equipo médico y profesional que provea un servicio integral.

Al tratar la ansiedad necesitamos recordar que es un síndrome multifactorial y bastante complejo que afecta a la persona en su totalidad. Por lo tanto ha de tratarse desde el punto de vista médico, psicológico, sociológico y pastoral. El Dr. Koenig dice que, la comunidad religiosa le brinda a las personas mayores la oportunidad de socializar con personas de la misma edad y que a lo mejor están enfrentando los mismos desafíos que ellos, dándoles así la oportunidad de sentirse apoyados y animados. Además, la religión ofrece un marco cognoscitivo que ayuda a sobrellevar el miedo y los temores. El Antiguo y Nuevo Testamento ofrecen muchas palabras animadoras y promesas de seguridad y cuidado para aquellos que creen en Dios. (Deuteronomio 5:29, 6:13, 32:9-12; Job 28:28; Isaías 26:3, 42:2-3; Salmos 91:1-7, 118:5-6; Mateo 6:31-34; 2 Corintios 4:16-18; Filipenses 4:6; Segunda de Timoteo 1:7; Primera de Pedro 5;7). Por ejemplo, el Salmo 91 gráficamente muestra como Dios protege y ama a su pueblo. Estos pasajes sugieren que podemos superar el miedo cuando estamos conscientes de que Dios está de nuestro lado (peleando la batalla por nosotros), está con nosotros y permanecerá con nosotros hasta que el problema sea resuelto.[10]

Trastornos del sueño

El descanso es parte esencial de nuestra vida; Nos permite experimentar una restauración fisiológica y psicológica. Sin un descanso apro-

---

[10] Koenig Harold G. *Aging and God. Spiritual Pathways to Mental Health in Midlife and Later Years.* (Binghamton, NY: The Haworth Press Inc. 1994), 273-274.

piado nuestra capacidad de concentración, nuestras habilidades intelectuales, nuestro poder de decisión, nuestro estado emocional y nuestra personalidad son afectados de manera negativa. Un descanso apropiado nos ayuda a tener una mente relajada, a estar menos ansiosos, y más calmados. Por otro lado, los estudios científicos demuestran que cuando una persona se priva del descanso, puede llegar a estar físicamente incómoda y con tendencias a alejarse de sus amistades y de su entorno social así como también a estar menos dispuestas a participar en actividades recreativas.[11]

Una de las maneras más prácticas y económicas de descansar es a través del sueño cotidiano. El sueño es una actividad normal, recurrente y fácilmente reversible en la cual la capacidad de la persona de responder a estímulos provenientes del ambiente es bastante reducida. Díaz de la Peña y colegas señalan que, Durante el sueño ocurren cambios en las funciones corporales y en las actividades mentales de enorme trascendencia para el equilibrio psíquico y físico de la persona. El sueño es un estado activo con cambios hormonales, metabólicos, bioquímicos y de temperatura imprescindibles para el buen funcionamiento del ser humano durante el día.[12]

Normalmente se habla de tres estadios de conciencia a escala cerebral: Vigilia, el sueño con movimientos oculares rápidos (REM, por las siglas en inglés *Rapid Eye Movements*), y el sueño con reducción de los movimientos oculares rápidos (No-REM). Se cree que el sueño consiste de la ocurrencia cíclica entre REM y No-REM. Durante el sueño las personas comienzan con la fase REM luego continúan con las cuatro fases del sueño No-REM. De allí en adelante las fases se alternan en intervalos que varían de 90 a 120 minutos, lo que es decir, que en una persona adulta el ciclo del sueño está compuesto aproximadamente de un 20% en la fase REM, un 20% en el estadio 1 y 2 de la fase No-REM y un 60% en los estadios 3 y 4 de ésta última fase. El sueño No-REM es una fase transicional entre la vigilia y el sueño. Por razones fisiológicas y psicológicas el cuerpo mantiene un equilibrio entre estas fases del sueño.

[11] McKenry, Leda M., y Salerno, Evelyn. *Pharmacology in Nursing* (St. Louis, MI: Mosby-Year Book, Inc., 1995) 306.
[12] A. Díaz de la Peña, et al. *Trastornos del Ciclo Sueño-Vigilia*. http://intersep.org/manual/a8n8.htm 12 de mayo 2000

Afortunadamente, no tenemos que entender todos los detalles del mecanismo del sueño para comenzar a disfrutar de los beneficios de éste, ya que en condiciones normales todo lo que necesitamos para dormir es tener sueño, el resto del proceso toma lugar de manera automática. Sin embargo por razones fisiológicas o ambientales el proceso del sueño puede ser alterado, creando así un desequilibrio conducente a enfermedades y trastornos que afectan a la persona como un todo.

Los trastornos del sueño afligen al 20% de la población convirtiéndose así en un asunto de salud pública. Estos afectan el aspecto físico, mental, social y espiritual de la persona. En muchos casos contribuyen a la aparición y evolución de enfermedades tanto somáticas como trastornos mentales secundarios. El trastorno más frecuente son las disomnias que se caracterizan por la alteración de la cantidad, calidad o en el horario del sueño.

Trastornos primarios del sueño

La Asociación Norteamericana de Psiquiatría en el Manual Diagnóstico y Estadístico de Trastornos Mentales (DSM-IV) menciona en la sección de trastornos primarios del sueño, el insomnio primario, la hipersomnia primaria, la narcolepsia, el trastorno del sueño relacionado con la respiración, el trastorno del ritmo circadiano y la disomnia no especificada.

La característica esencial del *insomnio primario* es la dificultad para iniciar o mantener el sueño, o la sensación de no haber tenido un sueño reparador durante al menos un mes, que provoca un malestar clínicamente significativo o un deterioro laboral, social o de otras áreas importantes de la actividad del individuo... La característica esencial de *la narcolepsia* es la aparición recurrente e irresistible de sueño reparador, la cataplejía, e intrusiones recurrentes de elementos característicos de la fase REM en el período de transición entre el sueño y la vigilia.[13]

El insomnio aumenta proporcionalmente con la edad. Se cree que este fenómeno esté relacionado con el proceso regular de la vejez. Los

---

[13] Manual Diagnóstico y Estadístico de los Trastornos Mentales (DSM-IV). Edición en Español Barcelona: España. Mason, S.A.1995.

cambios fisiológicos y anatómicos que ocurren gracias al envejecimiento tienen bastante que ver con las dificultades del sueño que algunas personas mayores enfrentan. El ciclo circadiano también puede experimentar cambios marcados en la vejez forzando así a las personas a transformar sus patrones de sueño y costumbres de dormir. Por ejemplo, generalmente las personas adultas duermen entre seis y ocho horas diarias durante la noche. Las personas mayores por su lado pueden dormir ese numero de horas pero distribuidos durante las veinticuatro horas del día. Ellos tienden a pasar más tiempo de vigilia en la cama tratando de quedarse dormidos así como a despertarse durante la noche con mayor frecuencia que las personas jóvenes y adultas. También hay que considerar el hecho de que ciertas enfermedades crónicas y aflicciones emocionales comunes con el envejecimiento pueden alterar considerablemente los patrones regulares del sueño.

En muchos casos por ignorancia o por falta de educación acerca de los ciclos normales del sueño en personas mayores, los familiares o personas que les cuidan, pueden contribuir al problema, ya que consideran anormales los períodos de vigilias que los ancianos o ancianas experimentan durante la noche. Esta concepción equivocada puede animar a las personas mayores a que abusen de los medicamentos para el insomnio ya que creen que algo no anda bien, y por lo tanto necesitan remediarlo. El uso de medicamentos para dormir en estos casos es más detrimental que beneficioso, ya que pueden alterar considerablemente el ritmo adecuado del sueño.

Al tratar trastornos del sueño, además de lo recomendado por el medico, es conveniente tomar en cuenta estos consejos prácticos que pueden facilitar un descanso apropiado y regenerador. 1. Eliminar molestias físicas 2. Controlar posibles causas de dolores 3. Asegurarse de que la temperatura de la casa u habitación es adecuada 4. Mantener una buena postura física al tratar de dormir 5. En lo posible, eliminar distracciones ambientales tales como ruidos o alborotos y mantener la habitación en penumbra o totalmente a oscuras. 6. Asegurarse de que haya una buena ventilación en la casa u habitación 7. Proveer un ambiente psicológico conducente a la calma y descanso 8. En lo posible tratar de hacer ejercicios físicos de una manera moderada 9. Mantener la confianza en Dios que en "paz nos acostamos y así mismo dormiremos porque sólo Jehová nos hace vivir confiado" (Salmo 4:8) 10. La Biblia habla de la importancia de mantener una rutina para las comidas y para el acostarse. Es conveniente establecer patrones o disciplina de acostarse y levantarse a la misma hora, 11. Evitar bebidas que exciten el sistema nervioso como las bebidas cafeinadas y así como también la ingesta excesiva de líquidos para evitar tener que levantarse muy seguido para ir al baño, 12. La meditación y la oración son muy recomendables.

La sexualidad y el envejecimiento

Después de haber creado al hombre y a la mujer Dios declaró que "todo era bueno en gran manera." La sexualidad forma parte de esa declaración. Nuestra creación fue completa, se nos equipó con todos los elementos necesarios para vivir una vida plena. Gracias a la sexualidad podemos procrear, experimentar la belleza de una relación íntima y placentera así como también recrearnos mutuamente.

Como seres sexuados cada célula de nuestro organismo carga la información sexual que permanece con nosotros desde el comienzo de nuestra existencia hasta la muerte. Así que cuando nos referimos al sexo y a la sexualidad no sólo nos referimos a nuestros órganos genitales y sistema endocrino sino a esa naturaleza sexuada propia nuestra. En el sexo todo nuestro ser—espíritu, mente y cuerpo participa y se involucra. La sexualidad tiene una dimensión espiritual que va más allá de los órganos genitales.

La profesora Catherine Oppenheimer[14] psiquiatra en el Warnerford Hospital en Oxford, afirma que la sexualidad incluye esa intimidad expresada en un abrazo, en un masaje en la espalda, en las caricias, en el roce de piernas, en la aceptación incondicional sin criticar la apariencia física, en recordar juntos esos momentos románticos de la juventud, en la admiración y consideración de la pareja, en la valoración mutua, entre otros. Es así como observamos que la sexualidad es una experiencia holística e integral en la que usamos el sentido del tacto, la vista, el olfato, el oído y el gusto.

[14] Oppenheimer Catherine en *Psychiatry in the Elderly*. Editado por Robin Jacoby y Catherine Oppenheimer. (Oxford, England: Oxford University Press, 1997), 689-690.

El teólogo y sexólogo Rafael Prada Ramírez afirma que, "la sexualidad va muchísimo más allá de los genitales. Una verdadera educación sexual supera la concepción biológica y mecánica del sexo, para explorar su riqueza sicológica, cultural y trascendente que la hace verdaderamente humana".[15] Reiteramos que la sexualidad es parte de quienes somos y aunque con la vejez ésta puede tener diferente maneras de expresarse y experimentarse no desaparece o 'muere'. Simón Díaz, un cantante legendario venezolano septuagenario, de una manera pintoresca presenta ésta realidad al decir en su canción "Caballo Viejo", "cuando el amor llega así de ésta manera uno no se da ni cuenta... cuando el amor llega así de ésta manera uno no tiene la culpa... quererse no tiene horario ni fecha ni calendario cuando las ganas se juntan". Muchas de las personas de edad no sólo están viviendo más años sino que también están experimentando una mejor calidad de vida aun en sus años avanzados. Continúan apreciando el poder relacional y recreacional de la sexualidad. Pero esto no es nuevo ya que encontramos en la Biblia que Abraham y Sara estaban sexualmente activos aún cuando eran nonagenarios.

Así que el dicho de que la sexualidad desaparece con la edad es un gran mito. Mitos como éste han sido en gran parte los responsables de que las personas mayores teman hablar acerca de su sexualidad ya que no quieren que se les cataloguen como 'depravados sexuales.' En nuestro trabajo diario con personas mayores hemos podido notar que los ancianos y las ancianas continúan disfrutando de sus encuentros sexuales, hallando no solo placer sino satisfacción y sentido de existencia. Mario y Zoila (los nombres han sido cambiados) son una pareja de 93 y 96 años quienes todavía están sexualmente activos. El señor Mario vino a la consulta presentando como la principal preocupación, el hecho de que su esposa, Zoila, últimamente no quería tener relaciones sexuales con él. En el proceso de la psicoterapia pastoral se les ayudó a identificar las variables que estaban afectando sus vidas sexuales y pudieron continuar gozando de los beneficios, la belleza y la santidad del sexo.

[15] Prada Ramírez Rafael. *Sexualidad y Amor*. (Santa Fe de Bogota, DC: Colombia. Ediciones Paulinas, 1992), 19.

ASPECTOS EMOCIONALES DEL ENVEJECIMIENTO Y LA VEJEZ

Estudios recientes en el área de sexología y geriatría confirman el hecho de que las parejas de avanzada edad continúan sexualmente activas expresando gran contentamiento y felicidad y con vidas más plenas en comparación con aquellas que no están activas en el área sexual.[16]

Fases de la respuesta sexual

Él médico ginecólogo William H. Masters y la psicóloga Virginia E. Johnson,[17] famosos por sus investigaciones en el área de la sexología, presentan la respuesta sexual en cuatro fases: *Excitación, meseta* (altos niveles de excitación sexual), *orgasmo* (clímax), y *resolución* (periodo de retorno al estado normal de no-estimulación). Ellos añaden que en la vejez cada una de estas fases sufren cambios. Por ejemplo, durante la excitación de la mujer el flujo de sangre en la área pélvica decrece y como consecuencia de esto la lubricación y elasticidad de la vagina se reducen, haciendo la penetración un poco dolorosa.

La Asociación Norteamericana de Psiquiatría (DSM-IV. 1994) divide el ciclo de la respuesta sexual en las siguientes fases: 1. *Deseo.* Se refiere a las fantasías sobre la actividad sexual y el deseo de llevarlas a cabo. 2. *Excitación.* Consiste en la sensación subjetiva de placer sexual y va acompañada de cambios fisiológicos. 3. *Orgasmo.* Es el punto culminante del placer sexual que produce en la persona una intensa sensación física de relajamiento, en las que siente un intenso goce y hasta una suspensión de la actividad cognoscitiva. 4. *Resolución.* Se refiere a la sensación de relajación muscular y de bienestar general que experimenta la persona.

---

[16] *A National Survey of 1604 men and women ages 65 to 97* by Parade Magazine, 1996. Citado por Cliff and Joyce Penner in Christian Counseling Today. *Senior Sex.* Vol. 7. No. 4. 1999. También ver Starr, B. (1985). *Sexuality and aging.* In M. Lawton & G. Maddox (Eds.), Annual Review of Gerontology and Geriatrics (vol. 5). New York: Springer Publishing Co.

[17] Masters, W. H. and Johnson, V.E. (1970) *Human Sexual Inadequacy.* Little, Brown, Boston. Citada en *Psychiatry in the Elderly.* Second Edition. Editado por Robin Jacoby y Catherine Oppenheimer. (Oxford, England: Oxford University Press, 1997), 696.

Cambios biológicos y psicológicos en la sexualidad de las personas mayores

Hay muchos cambios fisiológicos y psicológicos en la sexualidad de las personas de edad. Los hombres generalmente pueden mantener la capacidad procreativa, recreativa y relacional del sexo a lo largo de sus vidas. Quizás la intensidad de las relaciones sexuales y la manera de alcanzar satisfacción cambie, pero la esencia de ésta, permanece. Entre los cambios que los hombres experimentan se encuentra una disminución de los impulsos sexuales. La erección del pene tiende a ser más flácida, la eyaculación tiende a ser menos intensa y menos importante en el proceso de alcanzar una satisfacción sexual. En el preludio sexual un gran número de hombres tienden a necesitar el estimulo directo del pene a fin de poder tener una erección. Hoy se cuenta con medicamentos que pueden ayudar a los hombres a obtener una erección más firme y más duradera.

Las mujeres continúan teniendo el potencial y la capacidad de experimentar el aspecto recreativo, placentero y relacional del sexo. La mayoría de las mujeres entradas en edad sufren cambios anatómicos, fisiológicos y psicológicos en sus sexualidades que incluyen la disminución en la producción de lubricante vaginal, cambios en la anatomía y elasticidad de la vagina que puede hacer el intercambio sexual doloroso, disminución en la frecuencia de los deseos sexuales y mayores dificultades para alcanzar el orgasmo.

En líneas generales la mayoría de los factores que afectan negativamente la viva expresión de la sexualidad en las personas mayores son corregibles o manipulables desde el punto de vista médico, pastoral y psicológico. Al corregir o al tratar estos factores las personas de edad pueden llevar vidas sexuales bastante satisfactorias y felices. "Por ejemplo, las parejas que se limitan de tener relaciones sexuales debido a dolores en las articulaciones pueden ser animadas a probar diferentes posiciones, o a que usen almohadas para apoyar a los muslos y caderas, a que cambien la hora de tomarse los medicamentos analgésicos, o a que tomen un baño con agua tibia para relajar los músculos. El tratamiento hormonal y los lubricantes pueden facilitar una mejor penetración".[18]

[18] Oppenheimer Catherine en *Psychiatry in the Elderly*. Editado por Robin Jacoby y Catherine Oppenheimer. (Oxford, England: Oxford University Press, 1997), 703.

Trastornos somatomorfos

Los trastornos somatomorfos son bastante comunes o prevalentes en la población en general y se refieren a la presencia de síntomas físicos tales como cansancio crónico, la perdida de apetito, las molestias gastrointestinales además de otros síntomas que sugieren una enfermedad médica pero que no pueden ser explicados clínicamente. En general, la presencia de síntomas somáticos es bastante común en los seres humanos, sin embargo, esto no significa que las personas tengan una enfermedad psicológica o siquiátrica. Ahora, en casos donde una persona atribuye los síntomas somáticos a una enfermedad orgánica y busca un diagnostico y asistencia médica de manera insistente sin prestar atención a los hallazgos de lo profesionales de la medicina que muestran que la persona no padece ninguna enfermedad física, es posible que estemos frente a alguien con trastornos somatomorfos.

En el pasado los trastornos somatomorfos se conocían como histeria, hipocondríasis, Síndrome de Briquet. Actualmente, la Asociación Norteamericana de Psiquiatría en el Manual Diagnóstico y Estadísticos de Trastornos Mentales (DSM-IV)[19] publicado inicialmente en 1994 y revisado en el 2000, agrupa a los trastornos somatomorfos en: 1. *El trastorno de somatización* refiere a un trastorno polisintomático que comienza antes de los 30 años, persiste por varios años y se caracterizan por ser una combinación de síntomas gastrointestinales, sexuales, pseudoneurológicos, y dolores que ameritan tratamiento médico o que causan el deterioro de las actividades cotidianas de la persona. 2. *El trastorno somatomorfo indiferenciado* se caracteriza por uno o más síntomas físicos sin explicación médica que persiste al menos por seis meses y que no cumple con el criterio para el trastorno de somatización. 3. *El trastorno de conversión* consiste en síntomas o disfunciones no explicadas de las funciones motoras voluntarias (alteración de la coordinación y del equilibrio, parálisis o debilidad muscular localizada, dificultad para deglutir y retención urinaria) o funciones sensoriales (pérdida de sensibilidad táctil y dolorosa, ceguera,

---

[19] Manual Diagnóstico y Estadístico de los Trastornos Mentales (DSM-IV). Edición en Español Barcelona: España. Mason, S.A.1995.

sordera y alucinaciones) que sugieren un trastorno neurológico o médico. 4. *El trastorno por dolor* consiste en la presencia de dolor que es de gravedad suficiente para merecer atención médica y que afecta el funcionamiento social, laboral y cotidiano de la persona. 5. *La hipocondría* hace referencia a una forma de conducta de enfermedad en la que la persona experimenta y manifiesta un grado de preocupación sobre su estado de salud desproporcionado para la seriedad de las evidencias objetivas de la enfermedad que presume tener. 6. *El trastorno dismórfico corporal* se refiere a la preocupación por algún defecto imaginario o exagerado en el aspecto físico. 7. *El trastorno somatomorfo* no especificado incluye los trastornos con síntomas somatomorfos tales como seudociesis (creencia errónea de estar embarazada. Las mujeres con éste síntoma pueden mostrar señales de un embarazo normal), que no cumplen los criterios de cualquiera de los trastornos somatomorfos específicos.

En esta obra ampliamos un poco más la sección dedicada al trastorno de hipocondría, ya que este trastorno aumenta con la edad y es uno de los trastornos somatomorfos más frecuentes entre las personas mayores. Es común encontrar personas de edad quejándose de ésta o aquella enfermedad pero cuando son sometidas a exámenes médicos no se les puede confirmar objetivamente la existencia de una enfermedad en particular, y a menudo, en su descontento, cambian de un médico a otro con la idea de que este nuevo doctor "encuentre" lo que tienen.

Los familiares, en la mayoría de los casos, se afectan mucho con éste comportamiento hipocondríaco, ya que los pacientes requieren bastante atención y exigen que se les escuche atentamente por largas horas. Los familiares pueden encontrarse en un gran dilema ya que si no prestan atención a las quejas que ellos presentan son considerados apáticos y distantes pero por otro lado si deciden actuar esto conllevará horas y horas de cuidado al tener que ir de un centro médico a otro para finalmente llegar a la conclusión de que no hay indicios de una enfermedad en particular. Este comportamiento hipocondríaco puede propiciar de una manera indirecta el descuido y la negligencia médica ya que los doctores pueden predisponerse en contra de los pacientes y fallen en buscar o identificar cuando realmente existe una enfermedad en estos pacientes.

El 10% de las personas mayores tiende a presentar conductas hipocondríacas.[20] Las razones por las cuales muestran este comportamiento no son claras pero se señala la posible conexión con las necesidades psicosociales de la persona. Se sugieren cuatro mecanismos que pueden contribuir a la presencia de hipocondría en las personas de edad. Primero, los síntomas presentados pueden ser usados como excusas para explicar sus sentimientos de improductividad. Segundo, muchas de las personas mayores tienden a aislarse de sus entornos sociales y actividades acostumbradas teniendo más tiempo para concentrarse en ellos mismos especialmente para analizar el funcionamiento de sus cuerpos. Tercero, muchos de las personas de edad, como mecanismo de defensa, tienden a dirigir y a cambiar sus preocupaciones, angustias mentales y otros conflictos psicológicos por problemas físicos más tangibles. Cuarto, los síntomas hipocondríacos pueden ser usados como una manera de autocastigo para expiar o pagar por pensamientos o comportamientos que consideren inapropiados.[21]

Otras posibles razones para el comportamiento hipocondríaco pueden incluir la necesidad que tienen las personas mayores de ser reconocidas y notadas como seres humanos. También pueden usar síntomas hipocondríacos como maneras indirectas de enviarles señales a los familiares o cuidadores acerca de sus sentimientos de soledad. Los episodios depresivos de manera consistente pueden también precipitar éste comportamiento.

El psiquiatra Dan Blazer[22] sugiere que al tratar de ayudar a personas que sufren del trastorno de hipocondría es conveniente escucharles y creerles sus historias sin minimizarle su veracidad con expresiones tales como, "lo suyo es mental". El paciente se siente atendido y escuchado si se le toma en cuenta y si se le involucra en el proceso de corregir el problema. Los profesionales deben evitar argumentar con el paciente. Si el paciente critica a otros profesionales de la salud, se recomienda escucharle con una actitud pasiva sin unirse a la crítica y sin defender a la persona que el paciente esté acusando.

---

[20] Blazer Dan. *Emotional Problems in Later Life. Intervention Strategies for Professional Caregivers.* Second Edition. (New York, NY: Springer Publishing company, Inc. 1998), 123-124.
[21] Ibid. 130-132.
[22] Ibid. 137-141.

Capítulo 5
Enfrentando las pérdidas

Definición de pesar, pena, duelo y luto

Comúnmente nos referimos al duelo, luto, pesar, y pena como una sola cosa y probablemente lo son. De hecho, en ésta obra usaremos la palabra duelo de manera amplia para referirnos al fenómeno y proceso integral que como seres humanos enfrentamos al sufrir una pérdida. Sin embargo, para propósitos pedagógicos enunciaremos las definiciones que el Instituto Nacional para el Cáncer[1] de los Estados Unidos de América sugiere. *Pesar*: Se refiere al estado de haber sufrido una pérdida. Esta es la situación específica de los individuos que han experimentado una pérdida. *Pena*: Hace referencia al proceso normal de reacción interna y externa a la percepción de la pérdida. *Duelo*: Se refiere a la respuesta intrapsíquica (consciente o inconsciente) y a la respuesta cultural ante la pérdida. El proceso de incorporar la experiencia de la pérdida a la vida de uno mismo es parte del duelo. *Luto*: Hace referencia al ritual y a las expresiones de pesar subsecuentes al funeral.

Pérdidas en la vejez

Lo más constante en el envejecimiento y la vejez son las pérdidas. Si bien es cierto que hay ganancias en la vejez tales como el conocimiento, la sabiduría, la experiencia, más tiempo libre, la alegría de los nietos y hasta los descuentos que ofrecen algunos comercios, la verdad es que las pérdidas son las más evidentes. Se pierde la vitalidad de la juventud, la aparien-

---

[1] The National Cancer Institute. CancerNet. *Pérdida, Pena y Pesar*. http://cancernet.nci.nih.gov/clinpdq/supportive_sapn2/306750.html   03/23/2000

cia juvenil, en muchos casos la salud, el estatus social, el control de nuestro cuerpo. También puede sufrirse pérdidas financieras, la pérdida de poder, la pérdida de una parte de nuestro cuerpo, la pérdida de la pareja y amistades por la muerte, además de otras pérdidas. El duelo, pues, es una respuesta biológica, psicológica y espiritual que como seres humanos experimentamos al sufrir una pérdida. Como seres humanos, creados para vivir en relación y con capacidad de pensar, actuar y expresar nuestros afectos de una manera libre, nos es difícil el proceso de separación ya sea ésta forzada o natural. Entendemos que la mayor angustia que Jesús de Nazaret enfrentó cuando estaba a punto de perder su vida, fue el hecho de contemplar una separación entre Él y su Padre y entre Él y sus discípulos. En su angustia y tristeza se unió a David clamando, "*Elí, Elí, ¿lama sabactaní?* Dios mío, Dios mío, ¿por qué me has desamparado?" (Mateo 27: 46). Podríamos interpretar esta oración como "Dios mío, Dios mío no me dejes, no me quiero separar de ti."

La muerte

Uno de los aspectos más difíciles de la muerte es la separación física que origina entre nosotros las personas a quienes nosotros estimamos. Otro aspecto difícil que experimentamos con la muerte de un ser querido es que de manera natural nos puede llevar a contemplar nuestra propia mortalidad, ya que una parte de nosotros también muere junto a nuestro ser querido.

Una de las principales causas de las separaciones entre las personas mayores es la muerte. "Con el envejecimiento de la población, la muerte se convierte cada vez más en un fenómeno propio de la vejez. En Argentina, Barbados, Chile, Costa Rica, Cuba, Trinidad y Tobago y Uruguay, más de 55% del total de defunciones se da entre personas de 65 años de edad o más. En 1996, casi el 25% del total de las defunciones en Estados Unidos correspondió a mujeres mayores de 80 años".[2]

---

[2] Organización Panamericana de la Salud, *Las condiciones de salud en las Américas*. Vol. 1, Publicación Científica No. 524, Washington DC, 1990. 5.

Aunque segura, la muerte es un fenómeno universal difícil de definir ya que cada cultura la interpreta de una manera distinta. Sin embargo, debido a que los hechos históricos y las anécdotas familiares corroboran la realidad de que muchas personas han sido enterradas vivas, se hace necesario el tener criterios para determinar la muerte de un individuo. Reconocemos sin embargo, que la muerte no es un evento sino una serie de eventos donde progresivamente células, tejidos, órganos y sistemas van muriendo o dejando de funcionar hasta llegar al cese permanente e irreversible de todas las funciones integradas del organismo.

Inicialmente, la ciencia médica declaraba muerto a un individuo si éste no respiraba y su sistema circulatorio dejaba de funcionar. Con el advenimiento de nuevas tecnologías, que pueden mantener la respiración y la circulación por medios artificiales, éste concepto fue cuestionado. Luego, la comunidad científica mantuvo que la muerte de un individuo ocurría cuando ya éste no tenía actividad cerebral. Esta idea también ha sido cuestionada ya que con los nuevos equipos y con la medicina nuclear es posible detectar aun la más leve actividad cerebral de un individuo.

En los últimos años los estudiosos de la medicina y de la ética han unido estas dos teorías afirmando que un individuo está muerto cuando de una manera irreversible cesan todas las funciones del sistema respiratorio y circulatorio, y cuando de una manera permanente e irreversible cesan todas las funciones cerebrales. Es decir, cuando de manera permanente e irreversible cesan todas las funciones integradas del organismo.

Estas dificultades para definir la muerte son una muestra más del fracaso del concepto dualístico y mecanicista que ha dominado la cultura médica occidental. Es menester volver a considerar la muerte no como un hecho biológico solamente sino también como un fenómeno psico-social y teológico.

El teólogo Alfons Auer de la Universidad de Tübingen en Alemania, se refiere a la muerte como "la expresión que pone de manifiesto que las fuerzas vitales ya no son suficientes para evitar la degradación, restituir las funciones perdidas y reemplazar las células en proceso de destrucción".[3] La cultura judea-cristiana teológicamente define a la muerte

---

[3] Auer Alfons. *Envejecer Bien. Un estímulo ético-teológico.* (Barcelona, España: Editorial Herder, 1995), 54.

como el cese de la existencia o el "dejar de existir" (Salmo 39:13; Job 7:8,21). La Biblia nos dice que somos seres mortales y compara la vida con "un vapor que aparece por poco tiempo y luego se desvanece" (Santiago 4:14). El patriarca Job reflexionando acerca de la finitud de la vida dijo: "El hombre nacido de mujer tiene una vida corta y llena de zozobras. Es como una flor que se abre y luego se marchita; pasa y desaparece como una sombra" (Job 14:2).

Los Evangelios muestran que Jesús enfrentó la muerte con temor y temblor a diferencia del filosofo Sócrates quien alegremente tomó la bebida venenosa que terminaría con su vida. Esto demuestra el concepto de la muerte que los griegos tenían. Jesús vio la muerte como algo terrible que lo separaría de su Padre. Sócrates por su lado consideró a la muerte como una oportunidad para el alma de liberarse del cuerpo, que, según él, era una prisión. Para Jesús y sus seguidores la esperanza de vida eterna descansa solo en la resurrección. Para ellos la resurrección es la única esperanza de restauración y el evento necesario para tener vida después de la vida.

En conclusión voy a citar un caso que evidencia la necesidad de tomar en cuenta la geografía, el entorno social, el conjunto de valores y creencias religiosas así como también la historia de la persona, al tratar de entender nuestra propia muerte y la de nuestro prójimo. Se trata de la señora Violeta (el nombre ha sido cambiado) de 96 años de edad, de ascendencia Alemana, viuda con tres hijas vivientes y residente en un centro de salud y asistencia geriátrica de los Estados Unidos. La señora Violeta, quien se dedicó junto a su esposo a la agricultura y a la ganadería, está bastante alerta y con sus capacidades cognoscitivas casi intactas. Manejó su carro hasta que cumplió sus 90 años.

La señora Violeta vino a nuestro consultorio referida por su médico de familia quien había tratado, sin mucho progreso, de mejorar su problema de insomnio. Además, la señora Violeta estaba mostrando señales de ansiedad generalizada. Las hijas de la señora Violeta estaban desconcertadas ya que su madre estaba mostrando un comportamiento bastante inusual. El pensamiento recurrente de ella, de alguna u otra forma, tenía que ver con la muerte. Al explorar con ella sus preocupaciones acerca de la muerte comenzó a contar su historia, que estaba llena de muchas alegrías pero también de muchos pesares y heridas. Con mucho dolor nos relató la historia de abuso físico y sexual a la que fue sometida por parte de su propio padre. Su papá era una persona respetada por líderes públicos y por los líderes religiosos de la comunidad así como también por su propia familia. La señora Violeta era una cristiana que creía que cuando una persona muere va al cielo. Ella concluyó que debido a que su padre era una buena persona, él estaba en el cielo. Al acercarse a su muerte su mayor miedo o terror no era el dejar de ser sino el hecho de que ella se iba a encontrar otra vez con su papá abusador. "Él me seguirá abusando". Nos decía, "tengo miedo yo no quiero morir" y por mucho tiempo la señora Violeta continuó recibiendo psicoterapia pastoral hasta que pudo procesar su dolor, sanar heridas, aclarar creencias, y reactivar su esperanza. Por la gracia de Dios, llegó al punto de decir como el salmista David, "En paz me acostaré y así mismo dormiré porque solo tu Jehová me haces vivir confiado" (Salmo 4:8).

Proceso del duelo

La palabra duelo proviene del latín *"dolus"* que etimológicamente significa dolor y se refiere a un proceso dinámico y bastante complejo que toma lugar en nosotros al perder a un ser querido o algo muy preciado en nuestras vidas. Este proceso afecta e involucra cada aspecto de nuestra existencia incluyendo lo físico, lo mental, lo social y lo espiritual. La manera como enfrentamos o sobrellevamos las pérdidas depende de muchos factores que incluye nuestra personalidad, cultura, fe, creencias, unicidad, manera que hayamos enfrentado a otras pérdidas en el pasado, tipo de pérdida, salud, y al entorno social en el cual nos desenvolvemos.

Fases del duelo

Para tratar de entender el complejo proceso del duelo se habla de fases que experimentan las personas que han sufrido pérdidas significativas.

Generalmente la *primera fase* o reacción es de sorpresa, incredulidad, entumecimiento o adormecimiento emocional y de negación. Estas reacciones son mecanismos que utilizamos para distanciarnos de la pérdida sufrida, son como una anestesia emocional que usamos para enfrentar la separación. Dependiendo del tipo de pérdida y de los recursos emocionales y espirituales así como también del apoyo social que tenga cada persona, esta fase puede durar de unos cuantos días a un par de semanas.

La segunda fase tiene que ver con la manera en que sentimos y experimentamos el dolor y la pérdida. Dependiendo de la unicidad de cada persona al darnos cuenta y al estar conscientes de la pérdida experimentamos de manera espontánea y natural una gama de emociones que pueden incluir tristeza, soledad, aislamiento, desespero, abandono, sentido de culpa, alivio, angustia, ansiedad, ira, entre otras.

La tercera fase se caracteriza por la aceptación y resolución de la pérdida. En esta fase comenzamos a reorganizar nuestra vida aceptando el hecho de que de ahora en adelante ya no será la misma.

Recordemos que el duelo, el luto y el pesar son procesos dinámicos que no siguen un patrón determinado, y en el cual, muy a menudo, los estadios o fases se superponen o imbrican y son experimentados de diferentes maneras dependiendo de la personalidad, unicidad, cultura, tipo de pérdida, recursos emocionales, sociales y espirituales de cada persona.

El duelo es un proceso que afecta cada aspecto del ser. Las personas que están de luto pueden experimentar debilidad muscular, desmayos, sequedad en la boca, vacío en el estomago, opresión en el pecho y en la garganta, elevación súbita de la presión arterial, elevación o disminución de los niveles de glucosa, trastornos del sueño, trastornos alimentarios, entre otros. Algunas personas también pueden experimentar alucinaciones visuales y auditivas y creen que el ser querido que perdieron las está llamando o se les está apareciendo. En septiembre de 1999 mi madre murió de un ataque al corazón. Tres o cuatro días después del entierro tuve la impresión de haber visto a mi mamá dos veces. En realidad mi anhelo de ver a mi mamá fue tan fuerte que confundí el rostro de mi hermana con el rostro de mi mamá.

Una de mis pacientes cuyo esposo se suicidó, me comentaba que después de tres semanas difíciles de enfrentar un gran abanico de emociones, ella tuvo un sueño en el cual su esposo fallecido le decía que estaba bien y en paz y que su decisión de quitarse la vida no tenía nada que ver con ella. La señora Rubí considera que ese sueño fue determinante para ella poder procesar su pérdida de una manera saludable. Al perder a un ser amado nos queda un vacío que permanecerá con nosotros hasta el día de la resurrección. Sin embargo, su muerte no significa que pasan al olvido ya que el legado que nos dejaron continuara con nosotros hasta ese día de la resurrección cuando nos encontremos nuevamente.

El duelo complicado

Cuando las personas se detienen o se quedan estancadas en una fase por mucho tiempo sin alcanzar la fase de aceptación y resolución, y se les afectan así sus funcionamientos regulares en el ámbito social y profesional, se dice que están experimentando un duelo complicado que amerita asistencia profesional.

El duelo de mi hermano Alejandro puede mostrarnos la seriedad de un duelo complicado. Alejandro tenía 45 años cuando, una madrugada, tuvo un accidente al chocar su lancha náutica con otra que venía en sentido contrario. Después del impacto Alejandro se dio de cuenta que la otra lancha era la de su hijo mayor Iván, quien venía con sus otros hermanos, Rubén y Pedro. Olvidándose de su propio dolor y de manera desesperada, Alejandro se dedicó a rescatar sus hijos. Logró rescatar a dos de ellos pero no pudo encontrar a Iván, quien tenía veinte años de edad y era un gran nadador. Cinco días más tarde, con la ayuda de los grupos de rescate, Iván fue encontrado ahogado. Presumiblemente debido al impacto del choque de las lanchas, él quedó inconsciente y atrapado entre unas ramas que estaban como a tres metros de profundidad. Mi hermano Alejandro no pudo recuperarse de la pérdida y un año más tarde sucumbió ante el dolor y la pena, y los médicos declararon que había muerto de un paro respiratorio. Mi mamá dijo: "A Alejandro lo mató el pesar" y creo que ella tenía la razón.

Se sugieren cuatro indicadores que nos pueden ayudar a identificar el duelo complicado. El primero es el *duelo crónico* caracterizado por el estancamiento de la persona en una o más fases del proceso de duelo. En muchos casos el duelo se complica ya que éste despierta heridas del pasado tales como experiencias de abuso y anhelos frustrados.

El segundo es el *duelo diferido* que se refiere a la idea de posponer e inhibir el proceso del duelo y del pesar. A menudo muchas personas pueden posponer el duelo por ciertos días ya que deben ocuparse de los arreglos funerales y los detalles propios de la situación. Sin embargo, si notamos que la persona continúa posponiendo el duelo, el luto y el pesar por semanas o meses es un indicativo de que necesita ayuda pastoral profesional.

El *duelo exagerado* es cuando la persona continúa indefinidamente con el duelo. Las personas que experimentan un duelo exagerado pueden también estar sufriendo algunos trastornos psicológicos tales como la depresión o ansiedad.

En el *duelo disfrazado* las personas no asocian que los síntomas somáticos y psicológicos que están experimentando están relacionados con el proceso del duelo. Por ejemplo, algunas personas después de sufrir la pérdida de un ser amado comienzan a tener comportamientos autodestructivos (uso de drogas, alcohol, estilos de vida cuestionables) y en algunos casos incorporan comportamientos que eran propios de la persona que murió. Me viene a la mente una de mis pacientes, la señora Delia (el nombre ha sido cambiado), quién después de seis meses de la muerte de su esposo comenzó a presentar los mismos síntomas médicos que su esposo presentó antes de morir. Después de varios exámenes médicos que arrojaban resultados negativos, nos fue referida para descartar trastornos hipocondríacos. La señora Delia identificó que precisamente se acercaba la fecha de su aniversario de boda y no podía concebir la idea de no tener a su esposo a su lado para celebrar sus cincuenta años de matrimonio.

Facilitando el proceso del duelo

Al tratar de consolar o ayudar a alguien en el proceso del duelo necesitamos tener en mente que hemos sido llamados para estar al lado (paracletos) de aquéllos que sufren, para sufrir junto con ellos, siempre tratando de no minimizar la pérdida y el dolor. En este caso el duelo o dolor es necesario y es en la experimentación del mismo que podemos superarlo. Muchas veces de manera sutil y probablemente con buena intención minimizamos la pérdida al usar expresiones como "ahora él o ella está en mejores manos", "no se preocupe, usted concéntrese en sus hijos que están vivos". La pérdida es real y lo mejor que podemos hacer es reconocer esta realidad. Una manera en que podemos situarnos en el contexto real de la pérdida es a través de la invitación que le hagamos a la persona sufriente a que nos hable de las circunstancias de la muerte del su ser querido. Las memorias que se tengan y se evoquen son herramientas claves en el proceso de celebrar la vida de la persona muerta.

El sicoterapeuta pastoral por excelencia, Jesús de Nazaret, nos mostró la manera de consolar a la gente. "Jesús al ver llorar a Maria y a los judíos que habían llegado con ella, se conmovió profundamente y se estremeció... Y Jesús lloró" (Juan 11:33,35). Siguiendo el ejemplo del Señor Jesús, debemos ayudar a las personas que están de luto a que identifiquen y expresen sus sentimientos. El mejor regalo que podemos brindarle a una persona en duelo es nuestra presencia y nuestro calor humano. La Sagradas Escrituras nos invitan a estar "prestos a escuchar y tardos para hablar" (Santiago 1:19). Esta actitud de escuchar con atención sin interrumpir, animará a las personas a que exterioricen sus pesares y sufrimientos, ayudándoles así a identificar los sentimientos y las emociones propias del duelo que ellos estén experimentando. Cuando escuchamos sin criticar o juzgar la manera en que las personas expresan sus sentimientos y preocupaciones podemos ser esa ayuda y ese "bálsamo emocional y espiritual" que ellos necesitan en medio de sus aflicciones.

Es recomendable ayudar a los dolientes y afligidos a reconocer las alteraciones cognoscitivas, afectivas y conductuales que puedan generarse a causa del proceso normal del duelo y pesar. El mundo de ellos no será el mismo pero el uso apropiado de los recursos personales, sociales y espirituales con los que ellos están equipados, les servirá como un ancla en el proceso de adaptarse a una nueva vida.

La esperanza en Cristo es que hay restauración por encima de las pérdidas y de que eventualmente Dios "hará nueva todas las cosas" (Apocalipsis 21:5).

Hospice

La palabra *hospice* (cabe notar que en esta obra usaremos la palabra hospice en vez de hospicio) se deriva del latín *hospitium* que originalmente se refería a posadas o lugares de descanso, generalmente establecidas en zonas despobladas y de poco tránsito. En estos lugares los peregrinos, agotados por el viaje, y las víctimas de enfermedades o de vandalismo podían encontrar de manera temporal, alimento, posada, cuidado médico y refugio.

Históricamente se sabe que la mayoría de las culturas, de alguna u otra manera, han creado centros hospitalarios para los peregrinos. A principio del siglo V la iglesia cristiana en el Cuarto Concilio de Cartago pasó una resolución en la cual se le recomendaba a cada iglesia que estableciera un hospicio para que proveyera ayuda no solo a los peregrinos sino también a los huérfanos, a los pobres, y a los ancianos y ancianas.

A principio de los años 1960, la doctora inglesa, Cicely Saunders, siendo entrenada como enfermera, médico y trabajadora social, comenzó a usar la modalidad de hospice con pacientes diagnosticados con enfermedades terminales. Ella construyó, cerca de Londres, el Saint Christopher Hospice, en donde las personas recibían un tratamiento integral que tomaba en cuenta el aspecto biológico, mental, social y espiritual de la persona. La idea de la doctora Saunders fue proveer un servicio que ayudara a las personas a vivir con dignidad hasta el último momento de sus vidas.

La idea moderna de hospice fue traída a los Estados Unidos por la Dra. Saunders quien fue profesora invitada en la Escuela de Enfermería de la Universidad de Yale. La doctora Elizabeth Kubler-Ross abrazó la idea de la Dra. Saunders pero añadió el concepto de brindar el servicio de hospice a domicilio, así la gente no vendría a hospice sino que hospice iría a las personas.

Desde ese humilde nacimiento, el movimiento de hospice ha llegado otra vez a tener popularidad y dimensión internacional. Por ejemplo, hoy día en los Estados Unidos hay más de 3000 programas oficiales de hospice que reciben ayuda federal y estatal, que ofrecen así sus servicios a más de 500.000 personas por año.[4]

Hospice es visto no como una institución sino como un programa integral de servicio médico, psicológico, social y espiritual, (de paso, esta es una de las razones por las cuales en esta obra usamos la palabra hospice en vez de hospicio), que provee a las personas diagnosticadas con una enfermedad terminal, la oportunidad de vivir con dignidad cada momento de sus vidas. Como mencionábamos al principio hospice va a la gente ya que la mayoría de las personas que se benefician de este servicio continúan viviendo en sus hogares hasta el momento de sus muertes. Sin embargo, hospice también se ofrece a pacientes que residen en instituciones geriátricas, los hospitales, cárceles, y otras instituciones.

Este modelo de cuidado holístico se enfoca no tanto en la curación biológica, como generalmente se ve en hospitales y clínicas, sino en la sanidad integral de la persona. La filosofía de hospice ve el concepto de salud no como la ausencia de enfermedades sino como un estado de integración físico, mental, social y espiritual. La idea central de hospice es la de proveer el ambiente adecuado para un buen morir

Desde la década de los 1990 se ha comenzado a manejar con mucha frecuencia la idea de medicina o cuidado paliativo, que tiene como meta principal tratar no sólo el dolor físico sino también el dolor emocional, social y espiritual tanto del paciente como el de los familiares o allegados. El servicio de hospice reúne a profesionales de distintos campos tales como el de la medicina, la enfermería, el trabajo social, la capellanía, la psicoterapia. También hay asistentes de enfermería, masajistas, nutricionistas, y farmaceutas que unen sus fuerzas en amor y compasión para proveerles a los pacientes con enfermedades terminales el mejor cuidado posible. Este equipo de profesionales ofrece el servicio de hospice al paciente al igual que a sus familiares.

Los criterios para que una persona reciba este tipo de servicio varían de nación a nación, sin embargo, en líneas generales los pacientes que han

---

[4] The National Hospice Association. http://www.nhpco.org/facts.htm 10 de junio del 2000.

sido diagnosticados por uno o dos médicos como teniendo una enfermedad terminal y con menos de seis meses de vida son candidatos al servicio de hospice.

El suicidio y la vejez

El suicidio es un misterioso comportamiento de autodestrucción común en todas las culturas conocidas de este mundo. El suicidio constituye la novena causa de muerte en los Estados Unidos y es responsable por más de treinta mil muertes por año en este país. Esto significa que en éste país el número de personas que mueren a causa del suicido es mayor que el número de personas que mueren por causa de homicidios. En lo que se refiere a los intentos de suicidio o suicidio no llevado a cabo, las salas de emergencia de este país cada año tratan a medio millón de personas en esta categoría.[5]

La Organización Mundial de la Salud informa que el 1% de la población a escala mundial muere como consecuencia del suicidio, esto significa que al menos 1000 personas en el mundo mueren diariamente por esta causa.[6] El profesor y psicólogo argentino Mario Pereyra[7] tratando de ilustrar la seriedad de lo que se puede llamar 'epidemia'del suicidio, acota que, la pirámide suicidológica muestra que por cada persona que se suicida un poco más de diez lo intentan sin éxito, aproximadamente cien hacen planes y alrededor de mil tienen fantasías autodestructivas.

Estas estadísticas nos compelen a actuar y a no seguir ignorando la gran realidad del suicidio, especialmente entre las personas mayores. La taza de suicidios consumados en personas con sesenta años de edad o más es considerablemente mucha más elevada que aquélla encontrada en el resto de la población. Por ejemplo, el 25 por ciento de

---

[5] U.S. Public Health Service, *The Surgeon General's Call to Action to Prevent Suicide*, Washington, DC: 1999.

[6] M.S. Geijo Uribe. *Auto y Heteroagresividad Aguda*. Centro Web de La Sociedad Española de Psiquiatría. http://intersep.org/manual/a9.htm marzo del 2000

[7] Mario Pereyra. *Psicología de la Esperanza*. (Buenos Aires: Argentina, Psicoteca Editorial, 1997), 54.

los suicidios cometidos en Norteamérica suceden en la población de personas mayores.[8]

El comportamiento suicida es bastante complejo y multifactorial lo que hace difícil llegar a saber el por qué los seres humanos escogen o deciden arremeter contra sus propias vidas. Los investigadores enumeran ciertos factores que pueden precipitar este comportamiento de auto- aniquilación, sin embargo, en términos generales el suicidio es casi impredecible.

Se cree que el comportamiento o deseo suicida está relacionado con la neurobiología y la genética de la persona así como también con su constitución psicológica y entorno social. Nuestra teoría teológica es que desde la Caída cargamos la información genética o "virus" de autodestrucción que se manifiesta cuando se propician los factores internos (condiciones biológicas) y externos (tales como la pérdida del trabajo, una situación financiera difícil, crisis familiar, entre otros). El suicidio es la forma más evidente de autodestrucción, sin embargo, muchas personas de manera lenta y paulatina alcanzan el mismo hecho y el acto de auto-aniquilación.

El psiquiatra Harold Koenig[9] alude a que llega un momento en el cual las personas que experimentan un nivel muy alto de dolor emocional y la pérdida de esperanza en el mundo y en ellos mismos, llegan a la conclusión de que la muerte es la única salida. Cabe notar que las personas mayores no llegan a esa conclusión de la noche a la mañana; por lo general es algo que han rumiado por meses o años.

Prevención e intervención

Los científicos, en el proceso de tratar de predecir y prevenir el suicidio, sugieren que hay que prestar atención a las señales y advertencias, que

---

[8] Hoyert, D. L., Kochanke, K. D., y Murphy, S.L. (1999). Deaths: Final data for 1997. *National Vital Statistics Reports*, 47 (9). Hyansville, MD National Center for Health Statistics.

[9] Koenig Harold G. Aging and God. *Spiritual Pathways to Mental Health in Midlife and Later Years*. (Binghamton, NY: The Haworth Press Inc. 1994), 463.

de manera directa o indirecta, las personas con ideas suicidas generalmente muestran. Sin embargo, como hemos mencionado, es bastante difícil para los familiares, amigos, pastores y demás profesionales saber con exactitud cuándo una persona ha decidido quitarse la vida. Hay varios factores que pueden indicar potencialidad para el suicidio. Entre estos factores el rabino Earl Grollman[10] menciona los siguientes:

1. El historial de intentos de suicidios de la persona. Las probabilidades de que una persona que haya intentado suicidarse lo intente otra vez son bastante elevadas. El 12% de aquellas personas que han intentado suicidarse una vez, lograran hacerlo con éxito dentro de un período de dos años. El 80% de aquellas personas que logran suicidarse lo intentaron más de una vez.
2. Las amenazas de suicidios. La gran mayoría de las personas que se suicidan han expresados sus intenciones de alguna u otra manera. Muchos han sido bien directos en sus expresiones tales como, "ya no aguanto más", "ya no quiero vivir más", "me voy a matar", "voy a terminar con esta vida miserable", "muy pronto esta pena y sufrimiento se acabarán", "ellos se van a lamentar cuando ya no esté". Otros escogen maneras más sutiles de expresar sus intenciones tales como comenzar a hacer arreglos para que la familia esté bien, arreglar asuntos pendientes, comenzar a regalar sus objetos queridos.
3. Las crisis circunstanciales. La presencia de factores estresantes tanto internos como externos pueden hacer a una persona más vulnerable al suicidio. Por ejemplo, las personas que han sido diagnosticadas con enfermedades progresivas tales como esclerosis múltiple, o SIDA. Muchas personas prefieren suicidarse antes que la enfermedad los destruya poco a poco. La crisis económica de una persona puede ser un agente precipitante para el suicidio. Muchas personas al ver que son incapaces de producir lo necesario para mantener a sus familiares se sienten fracasados y pueden considerar el suicidio como una salida a la crisis. La muerte de un ser amado puede llevar a una per-

---

[10] Grollman Earl A. *Suicide. Prevention, Intervention, Postvention*. (Boston, MA: Beacon Press, 1988), 63-75.

sona a considerar el suicidio. Las crisis familiares pueden ser otro factor que contribuye a la auto destrucción. Cuando todos estos factores se juntan el riesgo es mucho más elevado.
4. El contexto social de la persona también contribuye a la vulnerabilidad de una persona con tendencias suicidas. Los seres humanos no somos islas y, por lo general, nuestra angustia personal representa un problema mayor en la comunidad que vivimos. La familia, los amigos y demás allegados pueden ser un termómetro que indique el grado de desesperación que una persona esté experimentando. Muchas de las personas que se suicidan piensan que al hacerlo están redimiendo y ayudando a la familia o la comunidad en la que viven. Definitivamente necesitamos tomar en consideración el ambiente en el que las personas se desenvuelven.
5. La personalidad, el aspecto emocional y el comportamiento de la persona. Muchas personas con pensamientos suicidas ven la auto-aniquilación como una manera de ponerle fin a los sufrimientos emocionales y a la infelicidad que pueda caracterizar sus vidas en ese momento. Las personas que sufren trastornos del estado de ánimo tales como la depresión son mucho más propensas a considerar el suicidio como salida. Las personas con esquizofrenia y otros trastornos psicóticos corren alto riesgo de suicidarse. Los estudios muestran que del 3 al 12 por ciento de las personas que se suicidan sufrían de esquizofrenia.
6. El historial de abuso de alcohol y drogas. Un gran número de personas que se suicidan están bajo la influencia del alcohol o la droga.

El rabino Grollman añade que los familiares, amigos, allegados y profesionales deben siempre recordar que el hecho de que una persona presente algunas de estas señales, no significa que él o ella tenga pensamientos suicidas. Es muy recomendable mantenerse alejado de la simplificación de este comportamiento tanto como sea posible. Sin embargo, como dice el dicho popular, "es mejor prevenir que lamentar".

La Guía para la Identificación e Intervención del Suicidio[11] producida por la Escuela de Medicina de la Universidad de Harvard menciona los

---

[11] Jacobs Douglas G. *The Harvard Medical School Guide to Suicide Assessment and Intervention*. (San Francisco, CA: Jossey-Bass Publishers, 1999), 4.

siguientes factores de riesgos: 1. *Entre los factores sociobiológicos* está el pertenecer al sexo masculino, el tener 60 años de edad o más, el vivir solo y soltero, el ser anglosajón o ser indioamericano, el no tener hijas o hijos pequeños en la casa, y el atravesar problemas financieros. 2. *Entre los factores clínicos* precipitantes de suicidio se identifica el sufrir trastornos bipolares con episodios maníacos, los trastornos depresivos mayores, la esquizofrenia, el abuso de drogas, el historial de intentos de suicidios, los pensamientos suicidas, los ataques de pánico severos, anhedonia severa, y humillaciones recientes. Aunque estos factores se pueden notar en casi todos los suicidios llevados a cabo, la mayoría de personas que presentan uno o más de estos factores no intentan o cometen suicidio.

Puntos que se deben considerar al momento de intervenir

El rabino Earl Grollman[12], quien es un teólogo y psicoterapeuta, enfatiza ocho puntos que debemos considerar al momento de intervenir para prevenir el suicidio:

Primero, necesitamos aprender a reconocer las señales que puedan indicar que una persona esté en peligro de quitarse la vida.

Segundo, aunque nos parezca que la persona está jugando al expresar pensamientos suicidas, la regla es creer lo que dice. Recordemos que es mejor prevenir que lamentar.

Tercero, el comportamiento suicida es bastante complicado y nos conviene no juzgar a la persona sino tratar de mantener una relación amistosa con ella. La mejor manera es ofrecerle nuestro apoyo, amor y comprensión.

Cuarto, necesitamos aprender a escuchar sin interrumpir u ofrecer explicaciones o salidas simplistas. Cuando decimos escuchar nos referimos tanto al lenguaje como a los gestos y comportamientos que puedan comunicarnos, como está la persona emocionalmente. El principio bíblico dice, "sé tardo para hablar y presto para oír". La mayoría de sentimientos

---

[12] Grollman Earl A. *Suicide. Prevention, Intervention, Postvention*. (Boston, MA: Beacon Press, 1988), 76-87.

y las emociones pueden ser contagiosas así es que si la persona se siente desesperada, ansiosa, rechazada, airada, culpable, impotente ante la situación, y temerosa, es muy probable que nosotros sintamos lo mismo. Estas emociones y sentimientos son bien fuertes y a veces escogemos poner parches e irnos en vez de quedarnos con la persona y sentir con ella y quedarnos a su lado. En estas situaciones lo más importante no es lo que digamos sino lo que seamos. Necesitamos ser en vez de hacer, a esto se le llama el ministerio silencioso de la presencia. En vez de condenar y ser moralista podemos decirles, "M, te agradezco el permitirme estar contigo. Aprecio la honestidad con la cual compartes tus sentimientos".

Quinto, necesitamos evitar lo más posible el argumentar con la persona. Expresiones como estas: "Mira a tu alrededor; hay personas en peores condiciones que tú", "debieras estar agradecido por todas las bendiciones que tienes", "ponte a pensar en la situación en que estás metiendo a tu familia", deben dejarse a un lado ya que son bastante contraproducentes. Recordemos que nuestra meta al intervenir es ayudar a la persona y no probar nuestra capacidad de persuadir a otros.

Sexto, es conveniente formular preguntas directas y reflexivas a la persona tales como, P, "¿estás pensando en quitarte la vida?" Estas preguntas pueden llevar a la persona a sentir que hay alguien que entiende su desesperación e impotencia. Luego podemos seguir con preguntas como éstas; "¿Cuánto tiempo llevas sintiéndote así?" "¿Por qué crees que te estás sintiendo así?" "¿Has pensado cómo te vas a quitar tu vida?" "¿Cuándo comenzaste a sentirte peor?".

Séptimo, conviene no levantar falsas expectativas pero si sugerir que se exploren otras opciones. Es bueno explorar las cosas que sean de mayor importancia para la persona y cuando veamos un rayito de esperanza, reafirmársela. "Debe ser muy dura su situación para que llegue a una decisión como ésta". "La solución no es fácil, pero con todo lo que haz podido compartir podemos trabajar juntos y con esperanza".

Octavo, es imperante evaluar la inminencia del suicidio. Cuan seria y cuan cerca está la persona de quitarse la vida. Es altamente recomendable no dejar sola a la persona con un alto riesgo de cometer suicido. Lo ideal es que estas personas estén acompañadas y que sean referidos inmediatamente a una clínica u hospital. Algunos psicoterapeutas les exigen a sus pacientes suicidas que antes de intentar suicidarse se pongan en contacto con ellos para explorar otras alternativas. El servicio no termina al persuadir a la persona de que no se suicide o al referirla a un centro hospitalario, éste tiene que continuar con la misma intensidad de amor, dedicación y entendimiento.

La religión y el suicidio

La Santa Palabra, aunque no se detiene a analizar en detalle el tema del suicidio, sin embargo registra que hubo ciertas personas que cometieron suicidio tales como Sansón (Jueces 16:30), quien al encontrarse impotente frente al enemigo en un acto heroico y guerrero decidió quitarse la vida. Curiosamente Sansón es mencionado en el capítulo once del libro de los Hebreos como uno de los pilares y modelos de fe verdadera.

Otro caso de suicidio registrado en la Biblia es el del rey Saúl (1 Samuel 31:4), quien frente a una crisis emocional y espiritual en la cual no veía salida, ejerciendo su orgullo militar decidió suicidarse antes que rendirse a los enemigos. El ayudante del rey Saúl al ver que su comandante se quitó la vida, decidió hacer lo mismo. Hoy día se cree, aunque no se ha comprobado científicamente, que el suicidio de una persona famosa puede incitar a sus seguidores a imitar este acto autodestructivo.

La Biblia también registra el suicidio de Ahitofel. Ahitofel fue el asesor y consejero principal del Rey David y más tarde de Absalón, el insurrecto hijo de David. Ahitofel era respetado y tenía un gran prestigio entre el pueblo de Israel. Tanto prestigio tenía Ahitofel que se decía que "pedirle un consejo a él, era como consultar la palabra de Dios" (2 Samuel 16:23). Ahitofel le propuso un plan estratégico al insurrecto Absalón. Era un plan para eliminar al rey David, pero éste no le hizo caso y al "ver [Ahitofel]que su plan no se había puesto en práctica, aparejó su asno y se fue a su casa en su pueblo natal, y después de arreglar sus asuntos familiares se ahorcó. Así murió, y fue enterrado en el sepulcro de su padre" (2 Samuel 17:23).

El Registro Sagrado también menciona a otro rey que escogió quitarse la vida, Zimri. Este mandatario reinó sólo por siete días ya que el pueblo se le rebeló y bajo el liderazgo de Omri rodearon y tomaron la ciudad desde la cual él reinaba. "Al ver Zimri que la ciudad había sido tomada, se metió en el reducto del palacio real, prendió fuego al palacio estando él dentro, y así murió" (1 Reyes 16:18).

El Nuevo Testamento hace referencia al suicidio de Judas Iscariote quien fue uno de los doce Apóstoles escogidos por el Señor Jesús. A Judas, al igual que los demás Apóstoles, le costó entender que el Reino de Jesús no era de este mundo. Probablemente Judas, que había sido testigo directo del poder extraordinario de Jesús, queriendo precipitar el reinado terrenal de su Maestro, decidió entregarlo a sus enemigos, con la esperanza de que Jesús mostrara su poder y se estableciera como el Mesías y Rey de los Judíos. Al ver que Jesús no resistió sino que calladamente fue arrestado, Judas se dio cuenta de su grave error y pecado y dijo "he pecado entregando a la muerte a un hombre inocente... y fue y se ahorcó" (Mateo 27:5). Curiosamente, el Apóstol Pedro nos ofrece una lectura diferente de la muerte del Apóstol Judas. "Judas fue y se compró un terreno con el dinero que le pagaron por su maldad; luego cayó de cabeza y se reventó, y se le salieron las vísceras (Hechos 1:18).

El suicidio como hemos notado continúa siendo un misterio. Entendemos que hay factores biológicos, mentales, sociales y religiosos que puedan predisponer a una persona a que tenga y exprese este comportamiento suicida. Juzgar a una persona que haya cometido suicidio no solo es imprudente e irresponsable sino que también puede ser un tipo de usurpación del papel de Dios. Consideramos que tratar de explicar de manera simplista el origen y la causa del sufrimiento es tratar de comer del "árbol del conocimiento del bien y del mal".

Muchos teólogos, ministros religiosos, historiadores, filósofos, médicos y científicos del pasado cometieron grandes errores e injusticias al tratar de explicar de manera simplista algo tan complejo y multifactorial, como lo es el suicidio. En la tradición teológica y filosófica de Agustín y Tomás de Aquino todavía escuchamos la idea, que dicho sea de paso no tiene fundamento bíblico, de que el suicidio es un pecado imperdonable y que las personas que cometen este acto van derecho al infierno. Esta creencia agustiniana fue claramente ilustrada en la película "Más allá de los sueños" (What Dreams May Come, 1998) protagonizada por Robin Williams y dirigida por Vincent Ward.

Además de esto, hasta hace poco, fuimos testigos de que las personas que se suicidaban no recibían una sepultura cristiana. En muchos lugares ni siquiera se les permitía ser enterrados en el cementerio sino en las afueras de éste y de la ciudad. En muchas ocasiones los líderes de ciertos pueblos dejaban los cuerpos de las personas que se habían suicidado a la intemperie para que se los comieran las aves de rapiña.

En Inglaterra, en 1829 se abolió la ley que prohibía que las personas que se suicidaban fueran enterradas en los cementerios. Sin embargo, el grupo de parlamentarios incluyó una nota declarando que aunque podían ser enterrados en el cementerio, el entierro tenía que ser entre las 9:00 p.m. y la medianoche y sin servicio religioso.

La vida es sagrada y pertenece a Dios por creación y redención así que Él es el único que tiene derecho a quitarla. (Deuteronomio 32:39, 1 Samuel 2:6, Job 12:10, Salmo 104:29, Salmo 116:15). Sin embargo, hacemos bien en recordar que vivimos en un mundo caído donde abunda la oscuridad y la maldad. Como embajadores de Dios se nos ha dado la misión de consolar y compartir el carácter de nuestro Creador y Salvador que es amor. Si hacemos maravillas y aun "tenemos la fe necesaria para mover montañas, pero no tenemos amor no somos nada" (1 Corintios 13:2). Bajo ninguna circunstancia se justifica el abuso y el maltrato del ser humano y mucho menos del que sufre y del marginado.

Tratemos de imaginar el dolor de la señora Josefa, que como madre soltera luchó y se sacrificó para educar a su hijo, Felipe, quien completó su doctorado en medicina y ejerció su disciplina por veinte años. El señor Felipe tenía dos hijos y una hija quienes estaban estudiando y eran respetados en la comunidad por su buen comportamiento y su rendimiento académico. El Dr. Felipe, de acuerdo a los familiares y vecinos, llevaba una vida matrimonial bastante típica y satisfactoria. Era muy respetado entre sus colegas y además enseñaba en la facultad de medicina de su ciudad. A los 46 años, el señor Felipe de manera inesperada decidió quitarse la vida.

Regresemos a la madre, doña Josefa. Traten de imaginarse que además del duelo, luto y pesar que esta madre estaba atravesando por la pérdida de su hijo, alguien, bien intencionado, le dijera que lamentaba su pérdida pero que desafortunadamente no lo podían llevar a la iglesia porque él había cometido el pecado imperdonable y que la paga de ese pecado era la muerte eterna y el infierno. Esto nos suena chocante pero la realidad es que por muchos años esto fue lo que se les dijo a muchas madres, padres, esposas, esposos, hijas, hijos, familiares y amigos. Es nuestro llamado, como seres humanos, ejercer la compasión, comprensión y empatía en cada uno de nuestros encuentros con nuestros semejantes y aún más con aquellos que llevan grandes cargas emocionales y espirituales.

Nos conviene tener en mente que a pesar de que la iglesia cristiana ha repudiado y acérrimamente luchado en contra del suicidio, las estadísticas[13] muestran que el índice de intentos de suicidio y suicidios consumados continúa siendo elevado entre cristianos protestantes/evangélicos y católicos romanos. Sin embargo nos alegra también saber que el número de suicidios ha disminuido un poco entre aquellas personas que permanecen activos en la fe e involucrados en los asuntos de la iglesia.[14] De cualquier manera, como comunidad de fe que cree en la santidad de la vida, nos queda bien el desarrollar programas dirigidos a la educación, intervención y prevención del suicidio así como también el explorar otras maneras o medidas que podamos usar para disuadir y desanimar a las personas para que no intenten o alcancen a quitarse la vida. Deberíamos comenzar con la enseñanza central de Jesús que fue el amor de los unos por los otros. Al movernos en un ambiente de amor podemos recordarles a las personas la invitación que Dios les hace, "Vengan a mí todos los que estáis trabajados y cargados, y yo os haré descansar" (Mateo 11:28).

---

[13] Maris Ronald M. (1981). *Pathways to Suicide: a survey of self-destructive behaviors*. Baltimore, MD: John Hopking University Press.
[14] Stack S. y Lester D. *The Effect of Religion on Suicide Ideation*. Soc. Psychiatry Psychiatr. Epidemiol., 1991; 26: 168-170. Citado por M. S. Geibo Uribe en *Urgencia Psiquiatrica e Intervención en Crisis. Auto y Heteroagresividad Aguda*. Centro Web de La Sociedad Española de Psiquiatría. http://intersep.org/manual/a9.htm También Martin, W. T. (1984) Religiosity and United States Suicide Rates, 1972-1978. Journal of Clinical Psychology 40:1166-1169.

Capítulo 6
Principios prácticos
para una salud integral

La salud integral

Uno de los grandes beneficios de sostener y abrazar un concepto holístico o integral de la naturaleza humana es que nos invita a movernos mas allá de esa división dualística de cuerpo y alma. Este entendimiento dualista ha sido en gran parte responsable por muchos de los mitos que hoy tenemos acerca del envejecimiento y la vejez. La idea de que el valor y la dignidad de una persona generalmente es definida sobre la base de la productividad y apariencia física se lo debemos en gran medida al dualismo cartesiano. La historia de la humanidad está llena de relatos y experiencias que registran el abuso y la explotación a los que las personas mayores han sido sometidas. En muchos de esos casos de abuso la excusa fue que estas personas no eran "productivas" y por lo tanto eran un estorbo para el resto de la humanidad.

En el primer capítulo de este libro discutimos con amplitud el concepto antropológico hebreo tal como lo presenta la Biblia. Pudimos observar que tanto el Antiguo como el Nuevo Testamento presentan al ser humano como una entidad completa, indivisible e integral, en la que el valor y la dignidad de la persona se generan o se desprende del hecho de ser creado a la imagen de Dios.

Este concepto holístico sostiene que lo que afecta a la mente afecta al cuerpo y viceversa. De hecho, dentro de este concepto de la naturaleza humana la mente es parte del cuerpo y el cuerpo parte de la mente. No hay lugar para la división del ser humano ya que se ve como un todo increíblemente interconectado. La manera de pensar, es decir, el aspecto cognoscitivo de una persona tiene sentido, sólo y sólo si se entiende junto con el modo que la persona tiene de expresar sus afectos y emociones, lo que al final condiciona y determina el comportamiento o la conducta particular del individuo.

Así que cuando nos encontramos con una persona mayor estamos frente a un ser humano integral que no tiene un espíritu sino que es un espíritu, que no tiene un alma sino que es un alma, que no tiene un cuerpo sino que es un cuerpo. De modo que al entender al ser humano de una manera integral, el concepto de salud y sanidad toma otra perspectiva o dimensión que más allá de la simple ausencia de enfermedades e incluye el bienestar físico, mental, social y espiritual.

Si bien es cierto que algunas personas mayores enfrentan un gran número de enfermedades esto no significa que no puedan gozar de una buena salud. Podríamos decir que a pesar de todo "todavía queda una salud para nosotros". Las estadísticas pueden asustarnos pero insistimos que en la mayoría de los casos las personas de edad tienen la capacidad de influir y, en muchos casos cambiar, el curso y la acción de estas enfermedades. En este país durante 1990, las enfermedades crónicas que más enfrentaron las personas de edad fueron: Artritis (47%), hipertensión (37%), problemas auditivos (32%), enfermedades cardíacas (29%), problemas ortopédicos (17%), cataratas y sinusitis (15% cada una de ellas), y diabetes (9%). La ocurrencia de estas enfermedades aumenta con la edad y muchas personas mayores pueden sufrir más de una de ellas al mismo tiempo.[1]

Cuando hablamos de principios que nos ayudan a obtener una salud integral, nos estamos refiriendo a ese concepto de salud que va más allá de la ausencia de enfermedades y sufrimientos. También nos estamos refiriendo a esa experiencia de sanidad, paz interna y satisfacción personal que por la gracia de Dios cada ser humano puede experimentar, esa salud o shalom que permea cada aspecto de nuestro ser.

La salud como la presentamos aquí no es algo que sólo se recibe de una manera pasiva sino que requiere de una participación activa y responsable de nuestra parte. De manera que para que podamos comenzar a dis-

---

[1] American Association of Retired Persons. 1992. *A Profile of Older Americans.* 1992. Washington, DC: AARP, Program Resources Department.

frutar de esta salud o *shalom* que tanto necesitamos, tenemos que involucrarnos en el proceso con todo nuestro ser "espíritu, alma y cuerpo" (1 Tesalonicenses 5:23). ¿Cómo y qué podemos hacer para lograr este tipo de salud o restauración? El punto de comienzo hacia una salud integral está en la prevención, la cual se entiende en tres niveles. 1. La prevención primaria que se refiere a las medidas tomadas para prevenir la ocurrencia de enfermedades, 2. La prevención secundaria que implica la detención y tratamiento temprano de enfermedades, 3. Prevención terciaria la cual se refiere a las medidas tomadas para evitar el progreso de la enfermedad. El programa ADELANTE que presentamos a continuación puede ser aplicado en cualquiera de los tres niveles pero principalmente en los dos primeros.

A.D.E.L.A.N.T.E.

El mundialmente famoso John Harvey Kellogg, médico cirujano y cofundador de los famosos desayunos de cereales Kellogg, a inicios del siglo pasado promocionó ocho principios de salud integral los cuales él usó con gran éxito en su centro de salud Battle Creek Sanitarium en el estado de Michigan de los Estados Unidos. Hoy día, estos principios para una vida saludable siguen siendo fomentados por el Instituto de Weimar en California. En ese instituto se desarrolló el programa NEWSTART que es un acrónimo en inglés que denota ocho principios para mantenerse saludable y para combatir enfermedades.

En español nos referimos a este acrónimo como ADELANTE. Estos principios prácticos, económicos y disponibles tienen alta aplicabilidad también con las personas mayores. El psiquiatra Harold Koenig y el psicólogo Andrew Weaver[2] mencionan lo importante que es para las personas mayores mantenerse física y mentalmente activos, tener una dieta balanceada y nutritiva, obtener un buen descanso entre otros. Si bien es cierto que el hacer ejercicios, tener una buena nutrición y un buen estilo

---

[2] Koenig Harold G., y Weaver Andrew J. *Pastoral Care of Older Adults*. (Minneapolis, MN: Augsburg Fortress Publishers, 1998), 11-14.

de vida en general no garantiza una vida libre de enfermedades, al practicar estos principios de salud las personas aumentan las probabilidades de llevar una vida más "saludable" y abundante.
Analicemos el acrónimo **A.D.E.L.A.N.T.E.**

A= Aire

Una de las necesidades más críticas y de mayor importancia para mantener nuestra existencia y tener una vida física y mentalmente saludable es la provisión constante de oxígeno a nuestro cuerpo a través de los ciclos de la respiración.

El proceso respiratorio involucra a los pulmones, el diafragma, el tracto respiratorio superior (nariz, boca, laringe, faringe, y tráquea) y todos los músculos involucrados en la respiración. El sistema respiratorio se encarga del intercambio de oxígeno y de dióxido de carbono en las células y en los pulmones asegurando así la continuidad de la vida. El sistema respiratorio también cumple con la función de filtrar, calentar y humedecer el aire que respiramos protegiéndonos de muchas enfermedades y sustancias tóxicas. Este, igualmente, tiene que ver con el sentido del gusto y con la producción de sonidos incluyendo la capacidad de hablar.

En líneas generales podemos ver que la respiración afecta cada sistema y casi todas las funciones metabólicas de nuestro organismo. El equilibrio homeostático de todo el cuerpo depende del funcionamiento apropiado del sistema respiratorio. Se puede decir que respirar es el esfuerzo que se necesita para que los pulmones se contraigan y se expandan lo que sucede de manera involuntaria y es controlada por el sistema nervioso.

Él médico misionero Vernon Foster[3] menciona que hay tres maneras de respirar: Pectoral superior, diafragmática y abdominal. Las tres son necesarias para una respiración adecuada, pero la más importante es la abdominal. El respirar correctamente puede reducir la angustia y an-

---

[3] Foster, Vernon W. *New Health, New Energy, New Joy. NEWSTART.* (Santa Barbara, CA: Woodbridge Pres Publishing Company, 1990), 223.

siedad, relajar los músculos, mejorar la capacidad de atención y retención, fortalecer el sistema inmunológico, aumentar la lucidez mental y predisponernos para una mejor conexión con Dios.

Los ejercicios de respiración profunda practicados diariamente por las mañanas y por las tardes (bajo la supervisión médica) son altamente recomendables. Además de practicar ejercicios de respiración conviene evitar aquellos hábitos que son detrimentales para el sistema respiratorio tales como el fumar. ¡La base de la salud integral comienza con una buena respiración!

D= Descanso

El descanso es parte esencial de nuestra vida. El descanso nos permite experimentar una restauración fisiológica y psicológica. Sin un descanso apropiado nuestra capacidad de concentración, las habilidades intelectuales, el poder de decisión, el estado emocional y la personalidad son afectadas negativamente. Un descanso apropiado nos ayuda a tener una mente relajada, a estar menos ansiosos y más calmados.

Una de las maneras de alcanzar ese descanso tan necesario es a través del sueño. El sueño es una actividad normal, recurrente y fácilmente reversible en que la capacidad de la persona de responder a estímulos provenientes del ambiente es bastante reducida. Díaz de la Peña y colegas[4] señalan que, durante el sueño tienen lugar cambios en las funciones corporales y en las actividades mentales de enorme trascendencia para el equilibrio psíquico y físico del individuo. El sueño es un estado activo con cambios de temperatura, y también hormonales, metabólicos y bioquímicas imprescindibles para el buen funcionamiento del ser humano durante el día.

Normalmente se habla de tres estadios de la conciencia a escala cerebral: Vigilia, el sueño con movimientos oculares rápidos (REM, por la sigla inglesa Rapid Eye Movements), y el sueño con reducción de los movimientos oculares rápidos (No-REM). Se cree que el sueño consiste

---

[4] A. Díaz de la Peña, et al. *Trastornos del Ciclo Sueño-Vigilia.* http://intersep.org/manual/a8n8.htm 12 de mayo 2000

de la ocurrencia cíclica entre REM y No-REM. Durante el sueño las personas comienzan con la fase REM, luego continúan con las cuatro fases del sueño No-REM. De allí en adelante las fases se alternan en intervalos que varían de 90 a 120 minutos, lo que es decir que en una persona adulta el ciclo del sueño está compuesto aproximadamente de un 20% en la fase REM, un 20% en el estadio 1 y 2 de la fase No-REM y un 60% en los estadios 3 y 4 de ésta última fase. El sueño No-REM es una fase transicional entre la vigilia y el sueño. El cuerpo por razones fisiológicas y psicológicas mantiene un equilibrio entre estas fases.

Al tratar trastornos del sueño, además de lo recomendado por él medico, es conveniente tomar en cuentas estos consejos prácticos que pueden facilitar un descanso apropiado y regenerador.

1. Eliminar molestias físicas.
2. Controlar posibles causas de dolores.
3. Asegurarse de que la temperatura de la casa u habitación sea adecuada.
4. Mantener una buena postura física al tratar de dormir.
5. En lo posible, eliminar distracciones ambientales tales como ruidos o alborotos y mantener la habitación en penumbra o totalmente a oscuras. 6. Asegurarse de que haya una buena ventilación en la casa u habitación
6. Asegurarse de que haya una buena ventilación en la casa o habitación.
7. Proveer un ambiente psicológico conducente a la calma y descanso.
8. En lo posible, tratar de hacer ejercicios físicos de una manera moderada.
9. Mantener la confianza en Dios de que en "paz nos acostamos y así mismo dormiremos porque sólo Jehová nos hace vivir confiados" (Salmo 4:8)
10. La Biblia habla de la importancia de mantener una rutina para comer y para acostarse. Es conveniente establecer patrones o disciplina de acostarse y levantarse a la misma hora.
11. Evitar bebidas que exciten al sistema nervioso como las bebidas cafeinadas y la excesiva ingesta de líquidos para evitar el tener que levantarse muchas veces para ir al baño.
12. La meditación y la oración son muy recomendables.

Además del descanso diario necesitamos el descanso semanal. La Escritura nos dice, "Acuérdate del día de reposo para consagrarlo al Señor... seis días trabajaras pero el séptimo es para descansar" (Éxodo 20: 8-10). El Sábado, como afirma el teólogo y filosofo judío Abraham Heschel,[5] es un santuario en el tiempo, es un momento de encuentro con el Creador, es una experiencia rejuvenecedora que nuestro Dios nos ha regalado, es un palacio en el tiempo abierto para todos. Pero sobre todo, necesitamos entrar en el descanso del Señor Jesucristo el cual ha sido reservado para nosotros (Hebreos 4:1-11). La invitación de Jesús es "vengan a mí todos ustedes que están cansados de sus trabajos y cargas, y yo los haré descansar" (Mateo 11:28).

E= Ejercicio

Como seres humanos creados para estar en movimiento, reconocemos que la actividad física contribuye o determina una buena salud física, mental, social y espiritual. Dentro de la actividad física se encuentra el ejercicio, es decir, una acción planeada y estructurada con el propósito de mantener o mejorar las condiciones físicas de la persona. Existe una montaña de estudios científicos que corroboran lo positivo del ejercicio para el organismo en general.

El ejercicio aeróbico se refiere a las actividades físicas que movilizan una gran cantidad de oxígeno y músculos con cierta intensidad en un período de tiempo determinado. Actividades aeróbicas tales como el caminar, trotar, correr, nadar, bailar entre otros, ofrecen muchos beneficios incluyendo el condicionamiento del sistema cardiovascular, el sistema respiratorio así como también fortalece el sistema inmunológico, y tonifica al sistema nervioso. Está bien documentado el hecho de que personas que hacen actividad física tienden a sentirse mejor, a tener bajos niveles de ansiedad y depresión. Otros beneficios psicológicos del ejercicio incluyen mejor rendimiento intelectual, mayor confianza y quietud, esta-

---

[5] Abrahah Joshua Heschel. *The Sabbath*. (New York, NY: Farrar, Straus & Giroux, 1975).

bilidad emocional, mejor capacidad perceptiva, autocontrol, mejor satisfacción sexual y mayor efectividad en el trabajo.[6]
La doctora Audrey F. Manley,[7] rectora de la Universidad Spelman y antigua secretaria de salud de los Estados Unidos, enfáticamente expresa que el ejercicio mejora la salud mental induciendo cambios en los neurotransmisores norepinefrina, dopamina, serotonina, y endorfinas lo que a su vez ayuda a tener un mejor estado de ánimo.

Hay un gran número de estudios científicos que corroboran el hecho de que el ejercicio regular puede reducir el riesgo de tener enfermedades tales como, hipertensión, cáncer de colon, enfermedades cardiovasculares y accidentes vasculares cerebrales. El ejercicio regular también puede estimular la producción de insulina ayudando así a regular los niveles de glucosa en el organismo. El ejercicio físico ha sido también relacionado con el mantenimiento de la densidad de los huesos, la reducción de la obesidad y con una mejor salud mental.[8]

Estudios recientes demuestran que los programas de ejercicios tienen efectos positivos tanto en los hombres como en las mujeres de todas las edades. Los mejores resultados se obtienen si el ejercicio se concentra alrededor de emociones positivas tales como regocijo, gozo, entusiasmo y optimismo.

El psiquiatra Koenig y el psicólogo Weaver[9] sugieren que el ejercicio es beneficioso aun para personas mayores que tienen poca movilidad debido a problemas médicos múltiples. Ejercicios aeróbicos acuáticos suelen ser los más apropiado para muchos ancianos y ancianas. El caminar aun por 15 minutos diarios hace una gran diferencia en nuestro estado de

[6] Stephens, Thomas. *Physical Activity and mental Health in the United States and Canada: Evidence from Population Surveys.* Preventive Medicine, Vol. 17, pp. 35. 1988.
[7] Surgeon General Audrey F. Manley. *Physical Activity and Health.* (Atlanta, GAAA: U.S> Department of Health and Human Services, 1996), 12, 135.
[8] Gorman, K., & Posner, J. (1988). *Benefits of Exercise in old age.* Clinics in Geriatric Medicine, 4 (1), 181-192. y Caspersen,C. (1989). *Physical Activity Epidemiology: concepts, methods and applications to exercise science.* Exercise and Sport Siencies Reviews, 17, 423-473. Citados por David Haber en la obra *Health Promotion and Aging.* (New York, NY: Springer Publishing Company, 1994), 81.
[9] Koenig Harold G., y Weaver Andrew J. *Pastoral Care of Older Adults.* (Minneapolis, MN: Augsburg Fortress Publishers, 1998), 12.

salud. El proverbio antiguo dice, "Todos tenemos dos médicos: La pierna derecha y la pierna izquierda".

El fortalecer la resistencia muscular es otro ejercicio apropiado para personas de edad avanzada ya que incrementa la masa muscular y la densidad de los huesos. En un estudio con pacientes geriátricos bastantes frágiles con edades que fluctuaron entre los 87 y los 96 años, se demostró que ejercicios conducentes a mejorar la resistencia muscular les ayudó a fortalecer las piernas, lo que les facilitó que caminaran 50% más pronto de lo esperado.[10]

Debido a que nuestro cuerpo generalmente trabaja en sentido armónico, y a fin de colaborar con nuestra anatomía y fisiología y mantener una buena salud, necesitamos también desarrollar buenos hábitos de postura al caminar, al levantar cosas, al sentarnos, al acostarnos y al levantarnos.

L= Luz

A través de la historia de la humanidad y en todas las culturas conocidas se ha creído que la luz natural influye de manera marcada en las experiencias humanas. Las abuelas y los abuelos siempre han hablado de la influencia de la luna y del sol en los ritmos biológicos, y emocionales de los seres humanos. De hecho, la luz solar es la base de toda vida; las plantas, los animales y los seres humanos existen por esta luz. El sol es tan importante que muchas civilizaciones llegaron a darle prerrogativas divinas.

Desde el mismo comienzo las terapias solares se han usado para tratar problemas físicos y mentales. Los estudios científicos demuestran que la insuficiencia de luz solar altera los ritmos circadianos así como también el funcionamiento adecuado de los neurotransmisores tales como serotonina, dopamina, y norepinefrina. Por ejemplo los niveles de serótina se elevan al usar terapia de luz en pacientes que sufren de depresión estacional.[11]

---

[10] Fiatarone, M., et al. (1990) *High-intensity strength training in nonagenarians: effects on skeletal muscle*. Journal of the American Medical Association, 263 (22), 3029-3034. Citado por David Haber en la obra *Health Promotion and Aging*. (New York, NY: Springer Publishing Company, 1994), 86.

[11] Lewy, A.J., et al. (1980). *Light Suppresses Melatonin Secretion in Humans*. Science, 210 (4475): 1267-1269.

La fototerapia o helioterapia es usada para tratar a personas que han sufrido alteración de los ritmos biológicos tales como astronautas, trabajadores nocturnos, y personas que experimentan "jet lag". La fototerapia en general ha mostrado ser efectiva en el reestablecimiento del ritmo circadiano.[12]

La exposición al sol de una manera controlada promueve la producción de vitamina D en nuestro cuerpo, que a su vez facilita la absorción del calcio así como también el depósito de este mineral en los huesos. Esto previene enfermedades que debilitan y deforman los huesos. Cabe mencionar que la fototerapia se ha usado como tratamiento complementario para tratar el colesterol alto, la hipertensión, la diabetes, y problemas del sistema inmunológico.

A= Agua

El agua es un solvente universal que participa activamente en las reacciones bioquímicas del cuerpo y provee forma y estructura a las células. El agua es una sustancia esencial en la constitución de todos nuestros tejidos y funciona como lubricante y protección para nuestras articulaciones. Este precioso y vital líquido es esencial en el proceso de la digestión, absorción y excreción. El agua constituye el 70% de nuestro peso corporal. Cada célula, órgano, tejido, organismo y sistema de nuestro cuerpo necesita de este líquido para el buen funcionamiento.

El agua juega un papel importante en la estructura y la función del sistema circulatorio al actuar como el medio de transporte de nutrientes y otras sustancias críticas para nuestra existencia. También, debido a la capacidad del agua de absorber y liberar calor, la temperatura de nuestro cuerpo se mantiene relativamente constante.

Generalmente, la ingestión de agua es controlada por la sed que indica que el nivel de fluidos en el cuerpo es bajo. Las personas mayores tienden a ingerir menos líquido probablemente debido a que la sensación de sed

---

[12] Williams Robert L., et al. *Sleep Disorders in Comprehensive Textbook of Psychiatry.* Editado por Harold Kaplan y Benjamín Sadock. (*A Controlled Study of Light Therapy for Bulimia Nervosa.* American Journal of Psychiatry, 151 (5), 744-750.

en ellos disminuye. Por eso, no debieran esperar a tener sed para tomar agua. El cuerpo no tiene maneras de almacenar agua lo que nos obliga a reemplazar la cantidad de líquido que perdemos. Se les recomienda a las personas mayores que no sufren de enfermedades que prohíban la alta ingestión de agua, que ingiera entre 6 y ocho vasos de agua diariamente. Un consumo adecuado de agua beneficia todo nuestro ser: cuerpo, mente, y espíritu.

Por otro lado el uso externo del agua, hidroterapia, ha probado ser un tratamiento eficaz para muchas enfermedades físicas y mentales. "La principal meta del tratamiento de hidroterapia es la de tener un efecto terapéutico, recreacional y psicológico".[13] Hoy día la casi olvidada hidroterapia está recobrando terreno en el campo de la medicina ya que muchos centros médicos la están usando. Entre las muchas maneras de ofrecer hidroterapia se encuentra "la tina de remolino en donde el paciente puede sumergirse casi en su totalidad o solo segmentos corporales; la fuerza de propulsión del aire da un masaje junto con el efecto del agua caliente. También se cuenta con el tanque o la piscina, donde el efecto de la gravedad desaparece, lo que facilita los movimientos corporales y se presenta la oposición (resistencia) del agua, permitiendo lograr fuerza y elasticidad".[14] Otras maneras más simples de aplicar hidroterapia incluye:

1. Los fomentos. Es decir la aplicación local de calor húmedo a la superficie del cuerpo.
2. Baños calientes para los pies. Consiste en sumergir los pies en un envase con agua tibia-caliente por 10 minutos. Se le puede añadir agua caliente para mantener una temperatura constante. Mientras los pies estén sumergidos, se recomienda colocarse una compresa de agua fría en la frente para evitar dolores de cabeza.
3. Fricciones con agua fría. Las fricciones del cuerpo con paños húmedos-fríos estimulan la circulación general.

---

[13] Reid Campion Margaret. *Adult Hydrotherapy*. (Oxford, Great Britain: Heinemann Medical Books, 19900, 5.

[14] d'Hyver Carlos. *Manual Clínico de Geriatría*. (Mexico, D.F.: Ciencia y Cultura Latinoamericana, S.A. de C.V., 1998), 171.

4. Baños de contrastes. Consisten de la aplicación alternada de agua tibia-caliente y fría en la superficie del cuerpo.
5. Baños de vapor.
6 Compresas de agua fría y caliente.

Para una descripción detallada de los diferentes usos de la hidroterapia recomiendo la obra de un amigo médico, especializado en medicina preventiva. Richard A. Hansen, M.D. *Get Well at Home*. (Poland Spring, ME: Shiloh Medical Publications, 1995).

N= Nutrición

Una nutrición adecuada provee los nutrientes necesarios para el sustento de la vida y para el buen funcionamiento de nuestra mente y nuestro cuerpo. La palabra dieta tiene una connotación negativa ya que generalmente se asocia con la privación forzada de ciertos alimentos. En nuestro contexto nos referimos a dieta como un estilo de alimentación de manera completa y balanceada.

La dieta o estilo alimentario es, sin lugar a duda, uno de los factores determinantes para una salud integral. La alimentación afecta cada aspecto de nuestro ser incluyendo el biológico, el mental, el social y el espiritual. Al privarnos de una buena alimentación no solo dejamos de recibir los nutrientes necesarios para que nuestro organismo funcione apropiadamente sino también nuestra paz mental y social se ven comprometida.

No hay duda de la importancia de tener una dieta balanceada que contenga los carbohidratos, las proteínas, las grasas, los minerales, las vitaminas y las fibras necesarias para el buen funcionamiento del organismo y para lograr una salud integral. "La calidad y la cantidad de los nutrientes influyen en el bienestar físico de la persona, en la presencia de enfermedades y son además un factor importante en la duración de la vida".[15] Esto es aún más crítico entre las personas mayores ya que el

[15] Ibid. 181.

proceso de la vejez tiende a afectar la digestión y la absorción de los nutrientes así como también el metabolismo en general.

Nutriendo al cuerpo y a la mente

El concepto dualístico que divide al cuerpo de la mente llevó a muchos a pensar que lo que comemos no tiene relación con nuestro proceso mental y desarrollo espiritual. Sin embargo, estudios recientes muestran que esta premisa es falsa y no tiene base científica. En realidad, lo que comemos tiene mucho que ver con la manera en que pensamos, actuamos y expresamos nuestros afectos y emociones. Los psiquiatras Harold Kaplan y Benjamín Sadock, autores del mundialmente famoso libro texto de psiquiatría, *Comprehensive Textbook of Psychiatry,* ahora en su octava edición, expresan que en "la década pasada se acumuló un gran número de evidencias científicas que muestran que la alimentación puede cambiar la bioquímica del cerebro. Claramente hoy está establecido que los precursores que se encuentran en los alimentos son factores claves en la síntesis de neurotransmisores tales como acetilcolina, dopamina, norepinefrina, serotonina, histamina y glicina".[16] Por ejemplo, se ha demostrado que alimentos que contienen el aminoácido triptofano incrementan los niveles de serotonina en el cerebro. Se sabe que muchas de las personas que sufren de depresión muestran niveles reducidos de serotonina, por lo que los principales medicamentos antidepresivos (tales como Prozac) tienen como función el balancear los niveles de serotonina en el cerebro.

Robin Kanarek y Marks-Kaufman,[17] investigadores del campo de la nutrición y el comportamiento, refiriéndose a la relación estrecha entre la alimentación y el comportamiento citan, a Jean Anthelme Brillat-Savarin (1840) quien popularizó el dicho "dime lo que comes y te diré quien eres", y enfatizó la idea de que los alimentos son determinantes del carácter y del comportamiento de una persona. Ellos también añaden que las defi-

---

[16] Kaplan Harold I., y Sadock Benjamin J. *Comprehensive Textbook of Psychiatry.* (Baltimore, MD: Williams & Wilkins, VI Edition, Vol. 11, 1995), 2146.

[17] Kanarek, Robin B., y Marks-Kaufman R. *Nutrition and Behavior: New Perspectives.* (New York, NY: Van Nustrand Reinhold, 1991), 2, 222.

ciencias de los nutrientes esenciales pueden afectar el desarrollo y funcionamiento del sistema nervioso central trayendo como consecuencias grandes cambios y trastornos a nivel del comportamiento. El sistema nervioso influye en todo el mecanismo de la digestión. La digestión consiste de dos actividades básicas, una muscular y otra química. La actividad muscular es la responsable del desdoblamiento mecánico de los alimentos, que es realizado principalmente a través de masticar y de los movimientos peristálticos del esófago. La actividad química tiene que ver con el desdoblamiento o la degradación de los alimentos por las acciones enzimáticas con el fin de facilitar la absorción.

Se sabe que cuando una persona está preocupada, airada, excitada, o temerosa las secreciones a niveles estomacales disminuyen y los movimientos peristálticos del canal alimentario son afectados. Por otro lado la alegría, regocijo, contentamiento, y pensamientos altruistas ayudan al proceso digestivo y de absorción.

Aditivos de los alimentos

Otro aspecto de la nutrición al que hay que prestarle atención es el de los aditivos de alimentos, los cuales se usan para extender la vida, proteger el valor nutricional, y mejorar el sabor y la apariencia del producto. Generalmente se clasifican de acuerdo al efecto que tienen en los alimentos: preservativos, antioxidantes, suplementos nutricionales y otros.

Los aditivos de alimentos tienen aspectos positivos y negativos. Entre los negativos se menciona que pueden provocar o contribuir a la manifestación de trastornos tales como el insomnio, las migrañas, la hiperactividad, la depresión, los mareos entre otros. Maurice Shils[18] menciona que en 1982, el Instituto Nacional de la Salud de los Estados Unidos informó que los aditivos de alimentos afectan la bioquímica cerebral y el comportamiento humano de una manera marcada. Elizabeth Somer[19] añade que

---

[18] Shils Maurice, et al. *Modern Nutrition in Health and Disease.* (Malvern, PA: Lea & Febiger, 8th Edition, 1994), 1349.

[19] Somer Elizabeth. *Food & Mood.* (New York, NY: Henry Holt and Company, Inc., 1995), 14.

ciertos aditivos de alimentos tales como los glutamatos mono-sódicos (MSG) y tiraminas pueden influir en la actividad cerebral alterando la producción o la liberación de los neurotransmisores lo que tiene como consecuencia cambios en el estado de ánimo y en el proceso cognitivo.

La cafeína

La cafeína es un alcaloide que pertenece a la familia de los estimulantes llamados xantinas o metilxantinas. Las metilxantinas más comunes en los alimentos son: 1. La cafeína, que es la principal xantina derivada del café. 2. Teofilina, que es derivada del té. 3. La teobromina principalmente derivada del cacao. Mundialmente, la cafeína es la droga más popular que se ingiere diariamente. Puede encontrarse en el café, el té, el cacao, los refrescos (sodas, gaseosas), los chocolates y en muchas medicinas tales como los descongestionantes, medicamentos para los resfriados, medicamentos para la fiebre y para dolores de cabezas. La fuente más común de la cafeína es el café. Una taza de café puede contener de 40 a 176 miligramos de cafeína. Una taza de té puede contener de 8 a 91 miligramos de cafeína. Una taza de chocolate caliente puede contener hasta 4 miligramos de cafeína. Un refresco como la pepsicola o cocacola puede contener de 30 a 60 miligramos de cafeína.

Estudios científicos relacionan la cafeína con un conjunto de enfermedades que incluyen las enfermedades cardiovasculares, el cáncer, los trastornos del comportamiento y los defectos de nacimiento. También se demostró que la cafeína, teofilina y teobromina afectan los sistemas cardiovascular, respiratorio, gastrointestinal, renal, muscular y nervioso.[20]

La cafeína actúa como un estimulante del sistema nervioso central y es por eso que las personas que ingieren de una a tres tasas de café pueden mantenerse despiertas y sin cansancio por un largo tiempo. El sueño es una de las funciones más afectadas por la ingestión de cafeína ya que alte-

---

20 Kanarek, Robin B., y Marks-Kaufman R. *Nutrition and Behavior: New Perspectives.* (New York, NY: Van Nustrand Reinhold, 1991), 149.

ra los ciclos regulares del sueño al mantener a la persona en estado de vigilia o reduciendo la calidad del sueño en general.

Comiendo para vivir

Como seres humanos creados con libre albedrío tenemos el potencial de ejercer un control casi total sobre lo que comemos y no comemos. El médico Andrew Weil[21] famoso por sus investigaciones en el área de la medicina preventiva, sugiere ocho principios para una dieta saludable. 1. *Coma con sus sentidos y no con su intelecto* ya que una dieta saludable no significa el sacrificio del placer y gozo del comer. Coma bien, sabiamente y acompañado 2. *Coma con gusto y concentración*. El sistema digestivo reflejará el estado mental en el cual nos encontramos. Si nos sentamos a la mesa con alegría y sin distracción (evitando la televisión, la navegación del Internet, la lectura del periódico) tendremos una mejor digestión y absorción. 3. *Coma una dieta balanceada y variada*. De esta manera nos aseguramos que obtenemos los nutrientes necesarios, incluyendo carbohidratos, grasas, proteínas, vitaminas, minerales y otros elementos nutricionales que todavía no conocemos. 4. *Coma alimentos frescos*. Estos contienen menos preservativos, y tienen mejor sabor y son de mejor calidad. 5. *Coma menos en vez de más*. Hay estudios que demuestran que aquellos individuos que comen un poco menos de las calorías necesarias tienden a tener más longevidad y a contraer menos enfermedades. 6. *Aprenda a apreciar los alimentos sencillos*. 7. *Cómase sus vegetales y las frutas*. 8. *Experimente con su dieta*.

T= Temperancia

La palabra temperancia no es muy común hoy día, pero ésta generalmente se refiere a la auto-disciplina, moderación y equilibrio que debe caracterizar nuestro existir. La temperancia puede referirse evitar todo

---

[21] Weil Andrew. *Natural Health, Natural Medicine*. (New York, NY: Houghton Mifflin Company, 1998), 4-40.

aquello que es perjudicial para el organismo y a usar con moderación todo aquello que es bueno para nuestra salud. La temperancia también ha sido vista como la capacidad de autocontrol o dominio propio que ejercemos para evitar pensamientos, emociones, afectos y acciones que nos desvían de la meta ulterior que estamos prosiguiendo.

Él médico misionero Vernon Foster[22] dice que el dominio propio es la palabra que con mayor exactitud explica el significado de lo que es la temperancia. Según Foster, el dominio propio es inherente a la naturaleza humana y está basado en el principio del libre albedrío. Él añade que la capacidad y habilidad de tener dominio propio se puede mejorar a través de la práctica cuando con responsabilidad escogemos actuar de la manera que mejor beneficie tanto a nuestro prójimo como a nosotros mismos.

El Apóstol Pedro en su escala de virtudes menciona la necesidad que tenemos de ejercer y desarrollar dominio propio. "Por esa razón, poned la mayor diligencia en agregar a vuestra fe, virtud; a la virtud, conocimiento; al conocimiento, dominio propio; al dominio propio, paciencia; a la paciencia, piedad; a la piedad, afecto fraternal; y al afecto fraternal, amor. Porque si estas virtudes están en vosotros, y abundan, no os dejaran ociosos, ni sin fruto en el conocimiento de nuestro Señor Jesucristo" (2 Pedro 1:5-8).

El hábito de fumar

Dentro de los hábitos perjudiciales se encuentra el fumar. Este hábito es el responsable directo de más de 400.000 muertes al año en los Estados Unidos de América y de 1.25 billones de muertes a escala mundial.[23] Uno

---

[22] Foster, Vernon W. *New Health, New Energy, New Joy. NEWSTART.* (Santa Barbara, CA: Woodbridge Pres Publishing Company, 1990), 223.

[23] McGinnis, J. (1992). *Top leading cause of death.* The Interchange (Texas Department of Health), 9(2-3,4. y Peto, R., at el. (1992) *Mortality from tobacco in developed countries: Indirect estimates from national vital statistics.* Lancet, 339, 1268-1278. Citados por David Haber. *Health Promotion and Aging.* (New York, NY: Springer Publishing Company, 1994), 135.

24 Mario Pereyra. *Psicología de la Esperanza.* (Buenos Aires: Argentina, Psicoteca Editorial, 1997), 105-106.

de los sectores de la sociedad más afectados por este hábito es el de las personas mayores quienes no sólo mueren más pronto sino que también tienden a tener una calidad de vida bien pobre. Viene a bien el dicho que dice "nunca es tarde para comenzar", ya que hay estudios que demuestran que sí es posible para las personas mayores romper con el hábito de fumar y así cosechar una mejor vida en la vejez. Los médicos disponen de varios medios para ayudar a aquellos que seriamente quieren dejar de fumar. Además también ellos recomiendan un modelo integral que incluye medicina, psicoterapia cognoscitiva y de comportamiento, grupos de apoyo, ejercicios físicos y de respiración y manejo del estrés.

El alcohol

Este es otro hábito donde se necesita ejercer la temperancia. Aunque se conocen algunos efectos positivos del alcohol, lo que más resalta es el daño que éste causa al organismo y a la persona en general. El efecto adverso del consumo del alcohol se deja ver no sólo en la persona que lo ingiere sino también en su entorno social. Afortunadamente el índice de ingesta de alcohol entre las personas mayores es bastante bajo. Por otro lado, cabe señalar que las personas de edad que regularmente consumen alcohol tienden a ser más susceptibles a sufrir problemas de desnutrición, a sufrir enfermedades del hígado, enfermedades del sistema respiratorio, ulceras pépticas y ciertos tipos de cáncer.

Hoy contamos con un número abundante de tratamientos y recursos profesionales que pueden ayudar a las personas a vencer este problema. Entre éstos se pueden mencionar los grupos de apoyo (tales como Alcohólicos Anónimos), tratamientos médico (tales como medicamentos, programas de desintoxicación) y asistencia social y espiritual.

E= Esperanza

Siempre hemos escuchado el dicho "la esperanza es lo último que se pierde." Una vida sin esperanza es una vida solitaria, caótica y sin sentido.

La capacidad de soñar y de esperar en algo mejor que todavía no tenemos ha sido la motivación detrás de muchos descubrimientos y avances de la civilización. Esa capacidad de soñar y esperar es la que nos ayuda a conectarnos con esa dimensión trascendental de nuestro ser. Es la esperanza la que nos mueve a proseguir con perseverancia hasta alcanzar la gran meta sabiendo que no estamos solos en este vasto universo. Anhelamos algo, confiados en que lo vamos a recibir. La esperanza, implantada por Dios en nuestras mentes y corazones, le da sentido y propósito a nuestra existencia. La esperanza es una fuerza inexplicable de cambio y transformación manufacturada en los talleres del cielo y dada a nosotros para que, motivados, alcancemos la estatura de Cristo.

El optimismo es la esperanza misma en acción. Sin embargo, la esperanza no es un mero optimismo que niega o ignora la existencia del mal como lo hacen los estoicos, sino un optimismo que se origina en la idea de que somos creados por Dios y equipados para alcanzar la mayoría de las metas que nos proponemos. El psicólogo Mario Pereyra[24] afirma que, la esperanza no son las fantasías del futuro creadas por la imaginación humana, sino la disposición de fe que cree en sus promesas y espera los bienes futuros con un temple perseverante, aun en las situaciones críticas. Si bien la tentación al desánimo está siempre presente, la esperanza que confía lucha por sobreponerse. Se caracteriza por su coraje, fortaleza, paciencia y paz. Está instalada entre el 'ahora' y el 'todavía no', y construye un espacio dinámico que configura una disposición prospectiva que mira hacia un mañana iluminado por la promesa, sin perder la conciencia de las realidades actuales.

El libro de los Proverbios nos dice, "Tal como pensamos en nuestro corazón así somos" (23:7). Podríamos decir que una persona optimista interpreta los desafíos y las fallas de la vida como tropiezos temporales y oportunidades de transformación. La confianza que tenemos, basada en el hecho de que en sentido general fuimos creados con el potencial de moldear nuestro destino, nos da la energía necesaria para seguir adelante y enfrentar los desafíos desde una perspectiva distinta.

La auto-eficacia, o la creencia que tenemos la capacidad de implementar un determinado curso de acción y afectar el resultado final de éste, es inherente a cada ser humano; sin embargo, ésta se puede incrementar a través de ejercicios cognoscitivos y actividades de grupo que nos ayuden a reforzar nuestra unicidad y originalidad.

La esperanza de mayor alcance e influencia es llamada, la *bienaventurada esperanza*. La esperanza de que Dios, movido por su carácter de amor, nuevamente regrese a este planeta para llevarnos con Él a su trono celestial. Una vez que Él restaure este mundo regresaremos aquí para vivir eternamente con Él en un mundo donde no existirá el dolor, el sufrimiento, el pecado y la maldad. El Apóstol Pablo lo expresa en estas palabras: "Aguardando la esperanza bienaventurada de nuestro gran Dios y Salvador Jesucristo" (Tito 2:13). Dios es nuestra Esperanza. El salmista y rey David dice: "Puse en el Señor toda mi esperanza; él se inclinó hacia mí y escuchó mi clamor. Me sacó de la fosa de la muerte, del lodo y del pantano; puso mis pies sobre una roca, y me plantó en terreno firme. Puso en mis labios un cántico nuevo, un himno de alabanza a nuestro Dios. Al ver esto, muchos tuvieron miedo y pusieron su confianza en el Señor" (Salmo 40:1-3). Nuestra confianza en Él y en sus promesas nos da la certeza de que no estamos solos o abandonados. "Vendré otra vez, y os tomaré a mí mismo, para que donde yo estoy, vosotros también estéis" (Juan 14:3). Los estudios muestran que las personas mayores que abrazan la bienaventurada esperanza tienden a llevar vidas más satisfactorias y significativas.

La esperanza nos ayuda a vivir en el presente con la seguridad del pasado y con la certeza del mañana. Es la esperanza las que nos ayuda a combatir el miedo, la preocupación, ansiedad y angustia de lo desconocido. Esta esperanza en Dios es la que nos sostiene en medio del sufrimiento y la miseria de este mundo. La fe, la esperanza y el amor que tenemos se generan gracias a la constante infusión del Espíritu Santo. Las esperanza nos anima a mirar más allá de nuestro dolor, nos invita a mirar hacia arriba a mirar al que dice, "Mirad a mí, y sean salvos, todos los términos de la tierra, porque yo soy Dios, y no hay ningún otro" (Isaías 45:22).

Fe, esperanza y amor casi siempre son presentados en conjunto y se entienden mejor cuando son vistos como una unidad y como regalos o dádivas de Dios. Dios es nuestra esperanza y en "Él somos, existimos y nos movemos". Cultivemos y usemos nuestra esperanza. ¡*Maranata*!

Capítulo 7
Envejecimiento en comunidad

Creados para vivir y existir en comunidad

Hemos sido creados para vivir en comunidad. El aislamiento no solo trae problemas de tipo psicológico sino también físico, en algunos casos lleva a la muerte. Existe un gran número de estudios científicos que muestran los nefastos efectos del aislamiento y el distanciamiento social. Así que en este mundo tan lleno de desafíos y tribulaciones nuestra supervivencia descansa en el hecho de tener el apoyo y sostén de nuestros semejantes.

Los geriatras Waldo Klein y Martín Bloom[1] señalan que no cabe duda de que el apoyo social juega un papel muy importante en la prevención de enfermedades crónicas y agudas. Las personas que cuentan con el apoyo y sostén de amigos y familiares tienden a ser menos vulnerables a las enfermedades.

Un estudio reciente que condujo la Dra. Laura Fratiglioni[2] del Centro para la Investigación Gerontológica de Estocolmo en Suecia, concluyó que las personas de edad que llevan una relación buena y satisfactoria con sus amigos y familiares tienen menos probabilidad de desarrollar demencia. Este estudio sugiere que el hecho de tener una red de apoyo social pueda proveer la estimulación emocional e intelectual necesaria para disminuir la aparición de la enfermedad.

La doctora Fratiglioni también acota que lo más importante es la calidad de la relación que se tenga, ya que muchos de las personas de edad

---

[1] Klein Waldo C. y Bloom Martin. *Successful Aging. Strategies for Healthy Living.* (New York: NY, Plenum Press, 1997), 7-8.
[2] HealthCentral.com. *Family, friends may help seniors stave of dementia.* 14 de abril del 2000. www.healthcentral.com/news/newsfulltext.cfm

que son visitadas con frecuencia por sus amigos y familiares, pero que no tienen una buena relación con ellos, tienen la misma oportunidad de perder sus facultades mentales que aquellos que no cuentan con amigos o familiares.

El profesor e investigador David Haber[3] define al apoyo social como la asistencia con amor y estima que las personas reciben de parte de otras ya sean estas familiares, amigos, vecinos, colegas, profesionales de la salud, ministros religiosos. Generalmente el apoyo social se puede ver en tres aspectos:

1. El apoyo emocional que proporciona a las personas un sentido de seguridad, pertenencia, y amor. El tener a alguien que escuche atentamente sin criticar y que valorice la amistad o relación nos ayuda a tener un concepto balanceado de quienes somos y de nuestro valor como seres humanos.
2. El apoyo instrumental expresado de manera tangible y directa tal como la ayuda financiera y ayuda con los oficios del hogar.
3. El apoyo informativo a través de la provisión de consejos, sugerencias e ideas que puedan ayudar a la persona con problemas que estén enfrentando.

Los estudios científicos corroboran que las personas que tienen un buen grado de apoyo social tienden a enfermarse menos, tienen un mejor sistema auto-defensivo, requieren menos cantidad de fármacos al enfermarse, tienden a recuperarse más pronto y a durar menos tiempo hospitalizados, así como también a gozar de una mejor salud mental y espiritual.[4]

En nuestra comunidad latina es muy común escuchar el lema "en la unión está la fuerza" reflejando el concepto bíblico que dice, "Más valen

---

[3] Haber David. *Health Promotion and Aging*. (New York, NY: Springer Publishing Company, 1994), 160.

[4] Sarafino, E. (1990). *Health Psychology: Biopsychosocial interactions*. New York: John Wiley and Sons. También Sarason, I., et al. (1983). *Assessing social support: The Social support Questionnaire*. Journal of Personality and Social Psychology, 44, 127-139. Citados por David Haber. *Health Promotion and Aging*. (New York, NY: Springer Publishing Company, 1994), 161.

dos que uno, pues mayor provecho obtienen de su trabajo. Y si uno de ellos cae, el otro lo levanta. ¡Pero ay del que cae estando solo, pues no habrá quien lo levante! Además, si dos se acuestan juntos, uno a otro se calientan; pero uno solo, ¿cómo va a entrar en calor? Uno solo puede ser vencido, pero dos podrán resistir. Y además, la cuerda de tres hilos no se rompe fácilmente" (Eclesiastés 4:9-12.)

La analogía del Apóstol Pablo ilustra de una manera magistral este concepto de interdependencia entre individuo y comunidad. Él dice, "porque así como en un solo cuerpo tenemos muchas partes, y no todas las partes sirven para lo mismo, así también nosotros, aunque somos muchos, formamos un solo cuerpo en Cristo y estamos unidos unos a otros como partes del mismo cuerpo" (Romanos 12:4-5). La comunidad comienza en la familia, la cual siendo la base de la comunidad, ha sido diseñada por Dios para sostener, sustentar, proteger, y perpetuar la especie humana así como también para trasmitir la fe, los valores y las costumbres de generación en generación. La familia, entendiéndose como el conjunto de personas con o sin afiliación sanguínea que en un tratado humano deciden cuidar el uno del otro, se convierte en la depositaria de la economía de Dios. Estas "familias" cuando se reúnen o deciden unirse reconociendo la interdependencia existente entre ellas, constituyen lo que referimos aquí en ésta obra como la comunidad. Vivir pues en comunidad no es una opción sino una necesidad a fin de poder experimentar el verdadero significado de lo que es ser humano.

El individuo y la comunidad

En una comunidad saludable se valora el aporte de cada individuo (independientemente de edad) y esto sin anular o invalidar la individualidad de la persona sino al contrario, ofreciendo el ambiente ideal para que cada miembro o individuo desarrolle su potencial a lo máximo. La comunidad existe gracias al individuo y a su vez éste consigue su razón para existir en la comunidad. La relación individuo-comunidad es recíproca y de carácter simbiótico.

Margaret Wheatly y Myrón Kellner-Rogers[5] mencionan que la supervivencia de la raza humana radica en la necesidad de estar en relación y conexión con los demás. Ellos citan al biólogo Lynn Magulis quien defiende que la independencia no es un concepto que se encuentra en el mundo de los vivientes sino un concepto político que nosotros los seres humanos inventamos. No es posible que los individuos puedan sobrevivir por ellos mismos y es sólo en conexión con sus semejantes que pueden experimentar la vida en toda su plenitud.

Desde la Caída hemos estado viviendo con esa tensión individuo-comunidad y viceversa. La idea individualista de que tenemos que dar cuentas solo por nosotros mismos sin considerar nuestro cometido de interdependencia con la comunidad, es claramente ilustrada por la respuesta que Caín le dio a Dios. "Entonces el Señor le preguntó a Caín: ¿Dónde está tu hermano Abel? Y Caín contesto: No lo sé. ¿Acaso es mi obligación cuidar de él? (Génesis 4:9). A través de nuestra historia se han levantado grupos promocionando el individualismo versus la comunidad y otros quienes enfatizan la comunidad versus el individuo trayendo como consecuencia la polarización y la competencia. Esta polarización ha desvirtuado el concepto simbiótico y recíproco entre individuo y comunidad. El mayor énfasis ha sido el de valorar al individuo por encima de la comunidad. Por otro lado, también hemos sido testigos de los intentos de valorar la comunidad por encima del individuo, lo que ha conducido a muchos abusos y explotaciones. El llamado no es a la exclusividad y preferencia. El llamado es a valorar al ser humano creado con individualidad y libertad pero al mismo tiempo creado para vivir en comunidad. En la comunidad es donde el ser humano alcanza su plenitud existencial.

Esta tendencia a entender y valorar al individuo fuera de la comunidad ha aumentado el sentido de vacío existencial. Ese vacío que nos lleva a adoptar comportamientos autodestructivos y a experimentar con mayor profundidad los sufrimientos propios de este mundo decadente, tales como la soledad, temores, tristezas, ansiedades, entre otros. Estos pesares se

---

[5] Margaret J. Wheatley and Myron Kellner-Rogers en *The Community of the Future*. Editado por Frances Hesselbein, et al. (San Francisco, CA: Jossey-Bass Publishers & The Peter F. Drucker Foundation, 1998.), 10-11.

hacen aun más evidentes en aquellos sectores más vulnerables de la comunidad tales como los niños, las niñas y las personas de edad. La idea central es que los individuos necesitan la comunidad y la comunidad necesita a los individuos. Nuestro Dios nos muestra el camino. Dios, desde el mismo comienzo de la historia humana ha querido y ha deseado estar en comunión y conexión con nosotros, a fin de revelarnos su carácter, que es amor (1 Juan 4:8). Dios se revela a su pueblo a través de la naturaleza, de patriarcas, profetas, sacerdotes, santuarios, seres celestiales, seres humanos en general, símbolos, Su Palabra y, en manera majestuosa en la persona de Cristo. Esta revelación inicialmente ocurrió y continúa ocurriendo en la comunidad. Esta revelación cuando es asimilada por la comunidad, genera el ambiente ideal para la interdependencia, el sentido de pertenencia, el desarrollo y la madurez de cada miembro. Esta revelación impacta de manera extraordinaria la vida física, social, mental, y espiritual de cada miembro, quienes a su vez influyen a la comunidad y a la sociedad en general. Esta revelación invita a los miembros de la comunidad no a la competencia, sino a la cooperación y mutualidad.

Una comunidad saludable e ideal

El llamado divino es a venir juntos a establecer una comunidad que valore a su Creador y Redentor. Una comunidad que se caracterice por el amor. Una comunidad donde los miembros puedan ser auténticos y expresar sus ideas, unicidades, y emociones de una manera libre y sin miedo a ser condenados o juzgados. Una comunidad que promueva la libertad y capacidad co-creadora de cada miembro. Una comunidad que se preocupe no tanto por mantener las normas y los reglamentos sino por mantener al grupo unido en el mismo propósito. Una comunidad que conozca por experiencia el concepto de la gracia divina y del proceso de transformación, en el que cada miembro esté envuelto. Una comunidad que entienda que lo que Dios espera es "que se haga justicia, que se tenga misericordia, que se sea fiel y leal y que se obedezca humildemente a nuestro Dios" (Miqueas 6:8). Una comunidad que tenga como misión la restauración de la imagen de Dios en cada uno de sus miembros. Una comunidad que respete, valore, e incorpore a cada miembro sin consideración de edad.

Stephen Covey[6] señala cuatro elementos claves que hacen a una comunidad ideal.

1. Una comunidad ideal está basada en principios. Una comunidad que confía en sus miembros aplaude lo que es justo y honesto y reprueba todo aquello que huela a injusticia y explotación.
2. Una comunidad ideal está compuesta por personas que sostienen la misma visión y dirección. Los miembros de una comunidad ideal saben que para poder alcanzar la meta final necesitan reconocer la interdependencia entre ellos.
3. Una comunidad ideal tiene clara su misión y propósito pero esto no significa que los miembros tienen que ser iguales y homogéneos. La misión es establecida por la comunidad por lo tanto los miembros se comprometen a promover y construir sus vidas alrededor de la misión y el propósito de la comunidad.
4. En una comunidad ideal se distribuyen los logros, las ganancias y las alegrías así como también las perdidas y los pesares.

A lo mejor nos preguntamos, ¿será posible ver en la vida real tal comunidad? Stephen Covey[7] cita la Republica de Mauricio ubicada en el océano Indico al este de Madagascar y compuesta por la Isla de Mauricio, la Isla de Rodríguez, la Isla de Agalega y los islotes San Brandón, tiene una población de un millón doscientos mil habitantes, quienes trabajan juntos y concentran sus energías y esfuerzos en el cuidado familiar especialmente de los niños. El índice de pobreza y taza de desempleo no alcanza el uno por ciento. La mayoría (98%) de la población sabe leer y escribir. La gente de ese país conoce por experiencia la importancia de la interdependencia y cooperación a fin de lograr el propósito principal de

---

[6] Covey Stephen en *The Community of the Future*. Editado por Frances Hesselbein, et al. (San Francisco, CA: Jossey-Bass Publishers & The Peter F. Drucker Foundation, 1998.,), 54-55.
[7] Ibid. 56-57.

la comunidad. Ellos enfatizan la importancia de guiarse por los principios, de mantener el orden, de vivir en armonía y de respetarse uno a otros especialmente a los niños y a las personas de edad.

La comunidad religiosa y las personas de edad

Un pueblo: Todos ministros

La misión que Dios le ha dado a sus seguidores es de vivir y predicar el Reino de Dios y su Evangelio a un mundo en decadencia, pero que es el objeto especial de Su Amor. Este pueblo o *Laos,* integrado por todos aquellos que han decidido escoger la vida eterna que es ofrecida en Cristo Jesús, como respuesta de amor abraza el llamado a ser embajadores y ministros de los misterios salvíficos de Dios. "Cristo nos ama, y nos ha librado de nuestros pecados derramando su sangre, y ha hecho de nosotros un reino; nos ha hecho sacerdotes al servicio de su Dios y Padre. ¡Que la gloria y el poder sean suyos para siempre! Amén' (Apocalipsis 1:6).

Este Laos, a través del bautismo del agua y del Espíritu Santo, está capacitado, ungido y autorizado para cumplir con el cometido de educar y preparar a todos para toda buena obra. "Pero ustedes son una familia escogida, un sacerdocio al servicio del rey, una nación santa, un pueblo adquirido por Dios. Y esto es así para que anuncien las obras maravillosas de Dios, que los llamó a salir de la oscuridad para entrar en su luz maravillosa" (1 Pedro 2:9).

En el pueblo de Dios los miembros tienen diferentes funciones pero todos son ministros y sacerdotes del gran Dios. "Y él mismo concedió a unos ser apóstoles y a otros profetas, a otros anunciar el mensaje de salvación y a otros a ser pastores y maestros. Así preparó a los suyos para un trabajo de servicio, para hacer crecer el cuerpo de Cristo hasta que todos lleguemos a estar unidos en la fe y en el conocimiento del Hijo de Dios. De ese modo alcanzaremos la madurez y el desarrollo que corresponden a la estatura perfecta de Cristo" (Efesios 4:11-13). El plan o economía de Dios es bastante amplio y deber ser anunciado "a todas las naciones, razas, lenguas y pueblos' (Apocalipsis 14:6), tal cometido sólo puede lograrse si el pueblo de una manera libre y espontánea decide poner todos los talentos y dones a la disposición de Dios y de la comunidad. Así vemos que el dualismo clero-laicado carece de fundamento bíblico. Todos los miembros de la comunidad cristiana son laicos y al mismo tiempo ministros, ya que todos pertenecen al Laos de Dios. Firmemente creo que éste concepto dualístico que separa al laicado del clero es una de las causas por las cuales la obra de Dios haya ido tan lenta en los países más desarrollados y entre las principales denominaciones cristianas. Muchas de las grandes denominaciones están experimentando un estancamiento en el ámbito misional y espiritual y esto, en gran medida, es debido a la dicotomía y brecha entre el laicado y el clero.

El cuidado pastoral y las personas de edad

La iglesia cristiana (incluyendo la iglesia católica romana y las iglesias protestantes o evangélicas) generalmente ha estado presta a promover el respeto a la vida desde el comienzo hasta el mismo fin. En líneas generales las comunidades religiosas han aceptado la idea de que la gracia y misericordia de Dios están a la disposición de todos sin importar edad, etnia, lengua y sexo. La gracia transformadora de Dios está a la disposición tanto de los niños y las niñas como a los ancianos y ancianas.

A causa de los estereotipos y mitos acerca de la vejez, común en la sociedad, es fácil llegar a pensar que las personas mayores no pueden asimilar, entender o responder a los misterios de Cristo. Esto se puede ver en muchos de los servicios religiosos y mensajes predicados en instituciones geriátricas. En muchos de los casos los mensajes predicados son muy superficiales, subestimando así las capacidades de los oyentes y la capacidad transformadora del Espíritu Santo. No es de extrañar entonces que muchas personas de edad se sientan espiritualmente desnutridas.

Nuestro cometido ministerial nos mueve a tener en mente que cada persona ha sido creada a la imagen de Dios y que Dios se ha revelado y sigue revelándose a todas sus criaturas sin importar edad, clase, sexo, etnia o lengua. El concepto de *Imago Dei* también nos recuerda la dignidad y el respeto que cada ser humano merece. Así que nuestros mensajes deben ser cuidadosamente preparados en oración y estudio arduo de la Palabra del Dios viviente, a fin de ofrecer el Pan de Vida para vida. Estos mensajes deben incluir, entre otros temas, palabras sobre las maravillas de la creación de Dios, el plan de salvación, la fe que transforma, los desafíos y realidades de la vida, las expectativas que Dios tiene para su pueblo, la resurrección y la esperanza, nuestra herencia eterna, y la importancia de las relaciones verticales y horizontales. La idea principal es que necesitamos movernos por encima de las predicaciones triviales y condenatorias que llevan a la sequedad espiritual y no a la Fuente de Agua de Vida.

Lorraine Chiaventure y Julie Amstrong[8] proponen que un ministerio llevado a cabo por ministros y ministras que estén personalmente conscientes del poder transformador de Dios promoverá la idea de que:

1. La mayoría de nuestros ancianos y ancianas son agentes e instrumentos de la gracia de Dios,
2. Que Dios ofrece dones a todas las personas sin consideración de la edad, "Después de estas cosas derramaré mi espíritu sobre toda la humanidad: los hijos e hijas de ustedes hablaran de mi parte, los ancianos tendrán sueños y los jóvenes visiones" (Joel 2:28).
3. Que las personas mayores necesitan nuestro apoyo emocional y espiritual.
4. Que las personas mayores al igual que las personas jóvenes pueden experimentar un nuevo nacimiento y la conversión.

Nuestros ancianos y ancianas no sólo están en la comunidad para recibir sino también para compartir las experiencias de sus largos peregrinajes con Dios. Al compartir sus experiencias, enriquecen las vidas de aquellos que les escuchan. Al mismo tiempo ésto les ayuda a fortalecer el ánimo y el deseo de seguir adelante a pesar de los desafíos propios de la edad y de la vida.

[8] Chiaventure Lorraine D., y Armstrong Julie A. *Affirmative Aging. A Resource for Ministry.* (San Francisco, CA: Harper & Row Publishers, 1985).

Lo que cada miembro del cuerpo de Cristo es llamado a ser

Un Pueblo: Todos sacerdotes, profetas y sabios consejeros.

Somos sacerdotes cuando aceptamos que como embajadores/embajadoras y representantes de Dios hemos sido llamados para acompañar a nuestros semejantes en sus peregrinajes por este mundo. Somos sacerdotes al escucharles las penas, los secretos más íntimos, los más profundos deseos, los temores, las esperanzas, las alegrías, los logros, los fracasos, y los planes a nuestros hermanos y hermanas de la vida. Somos sacerdotes al unirnos en oración y adoración con nuestros semejantes.

Somos profetas cuando aceptamos y utilizamos nuestra autoridad pastoral para bendecir y fortalecer a cada miembro de la comunidad especialmente a los más desvalidos. Somos profetas al cumplir con nuestro compromiso de recordarles a los miembros que hay vida solamente en Dios y que nuestra vida encuentra y tiene sentido solo en Él. Somos profetas cuando hacemos énfasis en la importancia de la relación e interdependencia necesaria para mantener el equilibrio de la comunidad así como también de la importancia de seguir los principios de vida establecidos por Dios.

Somos consejeros y consejeras con sabiduría cuando reconocemos la unicidad de cada persona motivándoles a que ejerciten sus recursos espirituales en el proceso de tomar decisiones a fin de que alcancen la madurez y la estatura humana sugerida por Dios. Somos consejeros y consejeras sabias al escuchar de manera atenta, sin juzgar, sin condenar las historias que las personas nos presentan pero al mismo tiempo ayudándoles a que examinen estas historias con el lente de Dios y con ojos espirituales. Somos consejeros y consejeras sabias cuando dependiendo de la sabiduría divina ofrecemos información y consejos con el propósito de que las personas puedan tomar decisiones de acuerdo con la voluntad de Dios. Somos consejeros y consejeras sabias al reconocer nuestra responsabilidad para con Dios, nuestros semejantes y nosotros/nosotras mismas.

La comunidad y las necesidades en las personas mayores

Las personas mayores, como seres humanos creados a la imagen de Dios, con capacidad co-creadora y con libre albedrío, tienen necesidades de tipo biológicas, psicológicas, sociales y espirituales que ameritan nuestra atención. Es mucho esperar que un individuo, por sí mismo, sin la ayuda de la comunidad, pueda de una manera plena cuidar de sus ancianos o ancianas.

Para darnos cuenta de esta realidad solo basta echarle un vistazo a las necesidades básicas de las personas mayores tales como la alimentación, el abrigo, la seguridad, la protección y otras. Harold Koenig[9] menciona las siguientes necesidades como las más comunes de nuestros ancianos y ancianas:

1. La necesidad de sentir y creer que su vida tiene un propósito, significado y esperanza.
2. La necesidad de trascender su realidad presente. Nuestras vidas no solamente giran alrededor de lo que nos sucede hoy. "Porque no nos fijamos en lo que se ve, sino en lo que no se ve, ya que las cosas que se ven son pasajeras, pero las que no se ven son eternas... Ahora no podemos verlo, sino que vivimos sostenidos por la fe..." (2 Corintios 4:18, 5:7).
3. La necesidad de apoyo al enfrentar sus pérdidas y pesares. Este apoyo en la forma de consuelo, amor, esperanza, ánimo, reconocimiento, entendimiento, apoyo material y simpatía alivian un poco las cargas y desafíos de la vejez.
4. La necesidad de continuidad al querer preservar aquello que les es familiar, les llena y les hace felices. La fe es una gran aliada de muchas personas al tratar de mantener cierto grado de continuidad en la vida.
5. La necesidad de ser valorado y apoyado en sus creencias y actividades religiosas.

[9] Koenig Harold G. Aging and God. *Spiritual Pathways to Mental Health in Midlife and Later Years*. (Binghamton, NY: The Haworth Press Inc. 1994), 283-295.

6. La necesidad del reconocimiento de su dignidad y valor.
7. La necesidad de ser amado o amada incondicionalmente. La necesidad de ser aceptado, valorado, y amado independientemente de su productividad es esencial para una salud física y mental. La mayoría de las personas mayores experimentan este sentido de amor incondicional en sus relaciones con Dios.
8. La necesidad de expresar libremente a Dios y a sus semejantes sus emociones incluyendo la ira y la duda.
9. La necesidad de creer y sentir que nuestro Dios está a su lado.
10. La necesidad de amar y servir a sus semejantes.
11. La necesidad de tener una actitud de agradecimiento.
12. La necesidad de perdonar y ser perdonado
13. La necesidad de prepararse para la muerte.

Es fácil deducir que estas necesidades pueden ser suplidas de una manera más eficiente dentro de un concepto comunitario donde abunde la simpatía, la mutualidad y la cooperación. Hay muchas maneras en las que la comunidad puede tomar parte en el proceso de cuidar, honrar y respetar a las personas de edad.

Fortaleciendo y empoderando a las personas mayores

Fortalecemos a las personas de edad cuando consideramos sus opiniones y les invitamos a participar en las discusiones referentes a sus situaciones de salud así como también les permitimos tomar parte en la toma de decisiones. Al tomar parte activa en el cuidado médico, las personas de edad sienten que están colaborando con los profesionales de la salud y esto no sólo les favorece para su auto estima sino que generalmente contribuye a que pongan en práctica con mayor fidelidad las sugerencias médicas. Otra manera de fortalecer a las personas de edad es a través de los grupos de apoyo, que pueden brindarles la oportunidad de una manera proactiva de intercambiar información acerca de los recursos disponibles en la comunidad, la oportunidad de compartir sus anhelos y frustraciones, la oportunidad de ser escuchados, la oportunidad de ser reconocidos y validados en ese entorno, la oportunidad de participar en ejercicios cognitivos y de comportamiento que les pueda ayudar a entender mejor sus situaciones y a modificar ciertas maneras de pensar y actuar que les pueda estar perjudicando en el crecimiento personal y espiritual.

Instituciones geriátricas y las personas mayores

La gran mayoría de las personas de edad mantienen vidas bastante independientes y tienden a cumplir roles dentro de sus comunidades aun hasta el final de sus vidas. De hecho, ocupan una posición muy importante y crítica en la estabilidad de la economía y del buen funcionamiento de la sociedad en general.

Contrario a lo que se cree, la mayoría de las personas de edad viven en sus domicilios, ya sea, solos o con sus familiares. Por ejemplo, en los Estados Unidos de América solo el 5% de las personas de edad viven en instituciones geriátricas, en Alemania el porcentaje asciende a 15.8%, y en España solo el 3%. Esto indica que el resto vive con sus familiares o independiente con asistencia mínima o en complejos residenciales para personas mayores. En estas condiciones desarrollan redes de ayuda y apoyo que les sostienen, les motivan y les proveen razones para continuar viviendo.

Es de admirar la dedicación de las familias latinas con respecto al cuidado de sus seres queridos. La oficina Administration on Aging[10] del gobierno de los Estados Unidos de América señala que alrededor de 7 millones de personas latinas se encargan de atender, sin remuneración financiera, las necesidades de familiares envejecíentes.

En algunos casos, debido a las demandas psicológicas y médicas unidas a las discapacidades funcionales de algunas personas mayores, se hace necesario buscar la ayuda profesional que ofrecen los centros de salud y asistencia geriátrica, que proveen, entre otros servicios, residencia, asistencia personal, asistencia médica, psicológica y social para las personas mayores.

---

[10] Administration on Aging. *El programa nacional de apoyo para cuidadores de familiares.* http://www.aoa.gov/espanol/nfscp-oped.html 13 de marzo del 2001

Aunque generalmente existe una visión negativa de las residencias geriátricas, éstas últimamente han llegado a ser bastante populares. La Sociedad Española de Geriatría y Gerontología señala seis razones por las cuales ahora las instituciones geriátricas son consideradas por más personas de edad. "1. El importante aumento en el numero de ancianos que presentan problemas incapacitantes. 2. La minimización de la familia a expresiones moleculares. 3. el proceso de nuclearización residencial en torno de grandes ciudades que reduce el tamaño de las viviendas debido al encarecimiento del suelo. 4. La incorporación de la mujer al mundo del trabajo, en tanto que ella había sido la principal responsable del cuidado familiar. 5. La falta de una perspectiva social y comunitaria en la generación de soluciones para la atención al anciano. 6. La insuficiencia de recursos comunitarios".[11]

La decisión de vivir en una institución geriátrica es por lo general una muy difícil de tomar tanto para la familia como para la persona de edad. Los ancianos y las ancianas experimentan un abanico de emociones que ameritan el apoyo y la participación de la comunidad. La transición de un estilo de vida con cierta independencia y funcionabilidad en un ambiente familiar y conocido a otro estilo de vida apartado de lo común o acostumbrado y con mayor dependencia puede ser bastante difícil para las personas mayores.

Además, como señalan José Buendía y Antonio Requelme de la Universidad de Murcia en España, el duelo por el cual atraviesa la persona mayor al tener que mudarse a una institución geriátrica es enorme, ya que van no solo a extrañar el espacio físico sino también las vivencias, las experiencias familiares, las memorias relacionadas con ese hogar, las posesiones que conectan a la persona con su historia, pero sobre todo el tener que dejar a los miembros preciados de su familia.[12]

---

[11] Sociedad Española de Geriatría y Gerontología (1995): *Residencias para personas mayores*. Manual de orientación, Ministerios de Asuntos Sociales, Barcelona. Citado por José Buendía y Antonio Riquelme En la obra compilada por Leopoldo Salvarezza. *La Vejez: Una Mirada Gerontológica Actual*. (Buenos Aires, Argentina: Editorial Paidos, 1998), 357.

[12] Buendía José y Riquelme Antonio. En la obra compilada por Leopoldo Salvarezza. *La Vejez: Una Mirada Gerontológica Actual*. (Buenos Aires, Argentina: Editorial Paidos, 1998), 358.

Los Estados Unidos de América ha establecido un proceso gradual que facilita ésta transición. En la mayoría de las ciudades de este país hay sistemas organizados para ayudar a las personas de edad. Esta ayuda puede comenzar con la asistencia personal y médica a domicilio, lo que les ayuda a mantener cierto sentido de independencia y se extiende hasta la asistencia de *hospice*. Entre estos dos polos de servicios existen muchos tipos de asistencia que pueden facilitar una vejez más digna. Por ejemplo, los *Conjuntos Residenciales de Cuidado Continuo y Conjuntos Residenciales de Asistencia con la Vida Diaria*. Este tipo de instituciones ofrece alojamiento, asistencia médica y de enfermería, sentido de independencia, actividades sociales, privacidad, seguridad financiera, comidas estilo restaurantes, lavandería, transporte, capillas religiosas, y rápida accesibilidad a clínicas y hospitales.

Además de estas instituciones que ofrecen servicios regulares de asistencia también existen las instituciones que ofrecen servicios de enfermería las 24 horas del día. Entre estas se encuentran Casa Familiares para Cuidado de Personas Mayores, Centros Geriátricos de Salud y Rehabilitación, y Unidades Especializadas para el Cuidado de Personas Mayores. Generalmente las personas mayores que viven en estas instituciones no pueden valerse completamente por sí mismos. Instituciones como estas proveen asistencia médica, asistencia psicológica, comida, transportación, actividades sociales, lavandería, asistencia con la higiene personal, y programas de rehabilitación, si es necesaria.

El proceso de escoger un centro geriátrico no es asunto fácil ya que hay muchos factores que deben considerarse incluyendo el bienestar físico, mental, social y espiritual del paciente así como el de los familiares. Es una decisión que ha de pensarse y discutirse muy bien entre el residente, familiares, médico y cuidadores. La idea es conseguir un lugar donde el residente y los familiares, dentro de lo posible, se sientan cómodos, satisfechos y contentos. Dentro de los factores que deben considerarse en el proceso de la toma de decisiones se encuentran: la limpieza o el higiene del lugar, la calidad de comida que se ofrece, el aspecto "hogareño"del lugar, las actividades sociales que se ofrecen, las actividades dirigidas que involucren a los familiares, la calidad de la asistencia médica, la cercanía del lugar a los centros médicos, la cercanía del lugar a las casas de los familiares, la cercanía a parques y centros recreacionales, la cercanía a los supermercados, la reputación del lugar, los tipos de actividades religiosas que ofrece, las condiciones físicas y estructurales del lugar, la ubicación de éste, el tipo y la condición de los medios de transportación que ofrecen, el hecho de estar vigente y aprobado por el gobierno, los niveles de cuidado que ofrece, el tamaño de las habitaciones y el tipo de muebles, y por supuesto, el costo por vivir en el lugar.

Anexos

CONFRONTANDO NUESTROS PREJUICIOS
"Peca el que menosprecia o discrimina a su prójimo"
El Rey Salomón (Proverbios 14:21).

Una de nuestras características como seres humanos es que tenemos la capacidad de formarnos cierta imagen de algo o de alguien antes de conocer ese algo o ese alguien; es decir, a priori. Generalmente, esta imagen o este concepto es el producto de la información o los conocimientos que hayamos captado del ambiente social y cultural en el que nos criamos. Este durar hasta que adquiramos el conocimiento necesario para formarnos un juicio más acorde con la realidad. Esta preconcepción que nos formamos puede y debe cambiar cuando llegamos a familiarizarnos con el objeto o la persona.

El dicho popular dice, "la primera impresión es la que vale". Lamentablemente muchas veces ese juicio inicial que nos formamos de la persona queda fijado aun después de tener información suficiente que lo contradiga. Este prejuicio entonces se convierte en una actitud fijada que puede llevar a la discriminación. Si al prejuicio le aunamos la discriminación llegamos al "viejísimo", el cual se refiere al trato diferencial, preferencial y desigual que le brindamos a las personas mayores basado solamente en sus edades. Este sistema de ideas y creencias ideológicas, que el Dr. Leopoldo Salvarezza llama "viejismo", se utiliza para justificar las acciones discriminatorias contra las personas de edad. El viejismo puede ocurrir tanto en el ámbito consciente como en el inconsciente.

El problema no radica en la vejez, per se, sino en la connotación negativa que nosotros le damos a ésta. Necesitamos recordar el principio de vida que claramente expone que todos fuimos creados a la imagen de Dios, con los mismos derechos y privilegios que, de paso, no cambian por razones de edad. En el reino de Dios todos los seres humanos somos iguales nadie es inferior y nadie es superior, todos pertenecemos a la "clase" humana. El genoma humano (el mapa que muestra el número total de cromosomas del cuerpo) corrobora que todos los seres humanos somos iguales así que no existe razón biológica para discriminar.

El Apóstol Santiago nos recuerda este principio de igualdad al decir que en la fe de Jesucristo no puede existir favoritismo de personas ya que hemos de amar y de tratar a todos como iguales. Este Apóstol menciona que discriminar es tan grave como el cometer homicidio, hurto o adulterio (Santiago 2:1-10). La discriminación en todas sus fases es una enfermedad social que necesita ser combatida y la mejor manera de hacerlo es a través de la educación. Un buen modo de comenzar esta empresa educativa es enfatizando el principio de vida comunitaria donde se promociona la interdependencia y se condena la dominación y la opresión.

Como se mencionó en el Capítulo 7 de esta obra, necesitamos predicar con urgencia el desarrollo y la implementación de comunidades saludables donde se valore el aporte de cada individuo (independientemente de edad) sin anular o invalidar la individualidad de la persona sino, por el contrario, comunidades que ofrezcan el ambiente ideal para que cada miembro desarrolle su potencial al máximo. Necesitamos tener en mente que la independencia no es un concepto que se encuentra en el mundo de los vivientes, sino un concepto político que nosotros los humanos hemos inventado.

Otro paso que podemos dar en el proceso de combatir los prejuicios es el de regresar al concepto antropológico holístico como lo entendía la comunidad semítica, que presenta al ser humano como un ser compacto, integral, indivisible, como un todo, donde el alma y el cuerpo representan diferentes aspectos de la misma persona pero no diferentes sustancias o entidades capaces de existir y funcionar independientemente una de la otra. "El ser humano no es un alma que ha tomado un cuerpo, o un cuerpo al cual se le ha añadido un alma, sino un ser viviente quien es al mismo tiempo cuerpo y alma".[1]

Sometemos este argumento acerca del concepto holístico antropológico para contrastar el efecto que la ideología dualística, que presenta al alma como superior y al cuerpo como inferior, ha tenido en esta cultura

---

[1.] González Justo. *Mañana. Christian Theology From a Hispanic Perspective*. (Nashville, TN: Abingdon Press, 1990), 127.

occidental. Este concepto dualista ha sido y continúa siendo usado para justificar la opresión, la sumisión y la explotación de los seres humanos. Por ejemplo, hasta hoy se sigue promocionando la idea de que los trabajos de orden intelectual son más importantes que los trabajos "físicos", implicando así que las personas que prosigan trabajos intelectuales son más importantes o superiores a aquellos que hacen trabajos manuales. Este concepto dualista es tan dañino y contaminante que se llegó al punto de decir que ciertos seres humanos pertenecientes a ciertas razas no tenían almas por lo tanto como seres inferiores se podían legítimamente explotar.

Evaluando nuestras actitudes hacia las personas de edad

El siguiente cuestionario fue diseñado con la intención de ayudarnos a reconocer las actitudes, los estereotipos y prejuicios que tengamos acerca del envejecimiento y la vejez. En el espacio en blanco coloque una V si considera que es verdadero o una F si considera que es falso.

Ejemplo:
La mayoría de las personas de edad o mayores (más de 60 años de edad) piensan y actúan de la misma manera F

_____ 1. La mayoría de las personas de edad tienen problemas de demencia.

_____ 2. El proceso de la vejez afecta a todos los sentidos (gusto, olfato, oído, tacto, vista).

_____ 3. A la mayoría de las personas de edad no les interesa su sexualidad.

_____ 4. La mayoría de las personas de edad siempre están enfermas y deprimidas.

_____ 5. La mayoría de las personas de edad viven en instituciones o residencias geriátricas.

_____ 6. Cerca del 80% de las personas de edad están lo suficientemente saludable como para continuar con sus actividades normales.

_____ 7. La mayoría de los accidentes de tránsito son causados por las personas de edad.

_____ 8. El refrán "loro viejo no aprende a hablar" es cierto ya que es imposible para las personas de edad aprender cosas nuevas.

ANEXOS

_____ 9. Al igual que los otros grupos de la población las personas de edad pueden experimentar cambios y transformaciones.
_____ 10. La mayoría de las personas de edad viven en pobreza.
_____ 11. La mayoría de las personas de edad son ricas y sabias.
_____ 12. La mayoría de las personas de edad están dispuestas a trabajar y a colaborar con la comunidad.
_____ 13. La mayoría de las personas mayores tienden a ser más espiritual y religiosas que la gente joven.
_____ 14. La mayoría de las personas de edad raramente se irritan.
_____ 15. Cada órgano y sistema del organismo envejece de manera y a velocidad distinta.
_____ 16. Las mujeres tienden a vivir más años que los hombres.
_____ 17. La vejez es una enfermedad que hay que tratar de prevenir.
_____ 18. La mayoría de las personas de edad están preocupadas con el asunto de la muerte.
_____ 19. La mayoría de las personas de edad se sienten satisfechas con sus vidas
_____ 20. La mayoría de las personas de edad se sienten no incluidas y solas.

Respuestas al cuestionario de actitudes hacia las personas de edad

1. **FALSO**. Los estudios científicos muestran que solamente menos del 10 % de las personas de edad llega a desarrollar demencia.
2. **VERDADERO**. Aunque de manera distinta cada sentido es afectado de alguna u otra forma por el proceso natural del envejecimiento.
3. **FALSO**. La mayoría de las personas de edad permanece sexualmente activas y expresa llevar vidas mucho más satisfactorias que aquéllos que deciden o son forzados a no expresar su sexualidad. La mayoría de las personas mayores continúa disfrutando del beneficio relacional y recreacional del sexo.
4 **FALSO**. El 75% de las personas de edad dice que goza de buena salud. Aunque es común que las personas de edad sufran episodios

de depresión no se puede confundir con la vejez. La depresión es una enfermedad tratable que afecta a menos del 20 por ciento de la población de las personas mayores que viven con sus familiares y hasta el 37 por ciento de aquéllos que viven en instituciones geriátricas.
5. **FALSO**. La mayoría de las personas mayores vive en sus domicilios o con sus familiares. Solamente el 5% de las personas de edad reside en instituciones o centros residenciales geriátricos.
6. **VERDADERO**. Los estudios revelan que el 75% de las personas mayores tiene una buena salud y mantiene el interés y la capacidad para continuar sus actividades rutinarias.
7. **FALSO**. Las personas de edad o mayores de 60 años tienen menos accidentes de tránsito que el resto de la población.
8. **FALSO**. Al igual que el resto de la población, las personas de edad pueden aprender cosas nuevas. Aunque quizás les tome un poco más de tiempo o utilicen un método distinto de aprendizaje. Las personas mayores tienden a mostrar mayor motivación, lo que en término generales facilita el aprendizaje.
9. **VERDADERO**. Los estudios demuestran que sí es cierto que las personas mayores tienden a tener actitudes más estables y pueden llegar a experimentar cambios y transformaciones no solamente físicas sino psíquicas, sociales y espirituales.
10. **FALSO**. Los registros muestran que dependiendo de la geografía donde vivan sólo del 10.5 al 25.4 por ciento de las personas mayores vive en estado de pobreza. Estos valores, sin embargo, se aplican a las personas de edad que viven en los Estados Unidos. Se estima que en los países latinoamericanos la cifra es más alta.
11. **FALSO**. Cuando se refiere a las personas de edad siempre conviene mantenerse alejado de las generalizaciones ya que es un grupo bastante heterogéneo. Si bien es cierto que las grandes riquezas del mundo descansa en las manos de personas de edad, este grupo no es la mayoría. Lo mismo es relación a la sabiduría, hay tantos sabios como torpes.

12. **VERDADERO**. En términos generales, la mayoría de las personas de edad está dispuesta a colaborar con su tiempo y talento en los asuntos de la comunidad.
13. **VERDADERO**. Estudios revelan que el 85% de las personas mayores consideran sus creencias religiosas y su fe como la fuente más importante de energía y fortaleza espiritual.
14. **FALSO**. Como hemos mencionado, lo mejor es evitar generalizaciones. No existen diferencias marcadas entre las expresiones sentimentales y emocionales de las personas de edad y las de los más jóvenes. Ambos grupos poblacionales se irritan, se entristecen y se alegran
15. **VERDADERO**. Cada órgano y cada sistema del organismo están sujetos al envejecimiento. Este proceso, sin embargo, es diferente para cada órgano y sistema.
16. **VERDADERO**. En sentido universal, la mujer tiende a vivir más años que el hombre. En los Estados Unidos el promedio o esperanza de vida para las mujeres es de 79 años y para los hombres es de 72 años.
17. **FALSO**. La vejez es parte del proceso y el desarrollo normal de los seres humanos y como tal tiene sus propias características.
18. **FALSO**. Los estudios muestran que a sólo el 24% de las personas mayores les preocupa su muerte.
19. **VERDADERO**. La mayoría (72%) de las personas de edad dicen que llevan vidas satisfactorias y felices y que no la cambiarían por nada en el mundo.
20. **FALSO**. Aunque la soledad es bastante común entre las personas mayores, la mayoría dice no sentirse solas, ya que se mantiene activas con sus nietos, nietas, familiares, amigos, amigas, y miembros de la iglesia.

Recursos disponibles en el Internet

Programas y servicios de salud general

1. SALUD HOY. Revista Latinoamericana de salud.
http://www.iladiba.com/
Ofrece una serie de productos y servicios que le serán de inmenso beneficio para mantener y mejorar el estado de salud propio, de algún familiar o amigo. Todo lo hacen en un lenguaje amable y ameno de fácil comprensión; la información será objetiva y seria, acerca de las más importantes enfermedades y áreas de la salud.

2. SALUD.COM Su centro de salud en el Internet.
http://www.salud.com
SALUD.COM es una comunidad de habla hispana del Internet centrada exclusivamente en la salud y áreas relacionadas con la salud. Su misión es la de proveer la más veraz, reciente, completa y calificada información en el campo de la medicina y la investigación, el acceso a todas las áreas referentes a la salud, la comunicación entre usuarios y el patrocinio de comunidades interesadas en adquirir o intercambiar conocimientos, ideas y propuestas que estén relacionadas con la salud.

3. MAYO CLINIC HEALTH OASIS.
http://www.mayohealth.org/index.htm
Bienvenidos a Mayo Clinic Health Oasis. Este es un sitio responsable y profesional con información en el área de salud. Este sitio está dirigido por un equipo de médicos, científicos, escritores y educadores. Este sitio se actualiza diariamente con el fin de ofrecer la información más relevante en el área de salud

4. MEDSPAIN.COM.
http://www.medspain.com
Medspain es una revista digital de Medicina, independiente, abierta, de habla hispana, con el objetivo de llegar a todo tipo de público, y de mostrar nuestro modo de comprender la medicina dentro del ámbito de la comunidad científica internacional en la WWW.

5. MEDICINATV.COM
http://www.medicinatv.com
Medicinatv.com es un sitio donde usted podrá encontrar noticias frescas y científicas en el área de la medicina. Este sitio está dirigido principalmente a profesionales de la medicina.

6. DRKOOP.COM
http://www.drkoop.com
Dr. Everett Koop ofrece información general en el campo de la medicina.

7. INTERFAITH HEALTH PROGRAM
http://www.ihpnet.org/4health.html
Información y conexiones en el área de salud holística y preventiva, integrando la medicina y la fe religiosa.

8. INTERSALUD.NET
http://www.intersalud.net
Revista Virtual sobre la salud en general.

9. THE NATIONAL ALLIANCE FOR HISPANIC HEALTH
http://www.hispanichealth.org
Información de interés en el área de salud de los hispanos

10. NATIONAL INSTITUTE FOR HEALTHCARE RESEARCH
http://www.nihr.org
Reparando la brecha entre la espiritualidad y la salud.

11. INSTITUTOS NACIONALES DE LA SALUD.
http://salud.nih.gov

National Institutes of Health es una de las ochos agencias de Servicios de Salud Pública de los Estados Unidos y está compuesta por 23 centros e instituciones de investigación médica.

12. INSTITUTO MEDICO HOWARD HUGHES
http://www.hhmi.org/news/research-esp.html

Noticias y novedades en el campo de la investigación de la salud.

ANEXOS

Programas y servicios para la salud mental

1. MENTAL HEALTH NET.
http://mentalhelp.net
Este sitio provee información general en el área de la salud mental. Está dirigido para profesionales de la salud mental así como también al público en general.

2. PSIQUIATRIA.COM.
http://www.psiquiatria.com
El portal de la psiquiatría para profesionales de la salud.

3. CONEXIONES EN GENERAL PARA EL ÁREA DE PSICOLOGÍA
http://www.cop.es/database
Esta base de datos y motor de búsqueda en el área de psicología está disponible en inglés y español.

4. MEDSCAPE PSYCHIATRY & MENTAL HEALTH
http://psychiatry.medscape.com/Home/Topics/psychiatry/psychiatry.html
Información actualizada en el área de psiquiatría y salud mental.

5. PSYCHOLOGY OF RELIGION
http://www.psywww.com/psyrelig
Conexiones generales en el área de la psicología de la religión

6. INTERNET MENTAL HEALTH.

http://www.mentalhealth.com
Información general sobre diagnóstico y tratamientos de las enfermedades mentales.

7. MENTAL HEALTH: A REPORT OF THE SURGEON GENERAL.

http://www.mentalhealth.samhsa.gov/cmhs/surgeongeneral/default.asp
El primer reporte en al área de la salud mental publicado por el Ministro/Secretario de Salud de los Estados Unidos.

Programas y servicios en el área de geriatría y gerontología

1. ELDERWEB ONLINE.
http://www.elderweb.com
Información general en el área de geriatría para profesionales y público en general. Aspectos biológicos, psicológicos, sociales y espirituales en las personas de edad.

2. GEROWEB
http://www.iog.wayne.edu/GeroWebd/GeroWeb.html
Biblioteca virtual en el campo de la geriatría y gerontología.

3. NATIONAL INSTITUTE ON AGING.
http://www.nih.gov/nia/
Instituto Nacional sobre el Envejecimiento

4. MEDICARE.
http://www.medicare.gov/Spanish/Overview.asp
Medicare es la Agencia Federal que administra y financia los servicios de salud en los Estados Unidos.

5. AMERICAN ASSOCIATION OF RETIRED PERSONS
http://www.aarp.com y http://www.aarp.org/espanol
La Asociación Americana de Personas Jubiladas (AARP) es una organización sin fines de lucro y sin afiliación política que se dedica a configurar y enriquecer la experiencia de la madurez en la vida de cada socio y de la sociedad en general. Fundada en 1958 por la maestra jubilada Dra. Ethel

Percy Andrus, AARP es hoy la organización nacional más grande de personas de edad mediana y avanzada, y cuenta con más de 30 millones de socios/miembros.

6. AMERICAN SOCIETY ON AGING
http://www.asaging.org/
La Sociedad Americana sobre el Envejecimiento provee información de utilidad para las personas que trabajan en el ámbito de la geriatría y la gerontología.

7. ADMINISTRATION ON AGING
http://www.aoa.gov
Información dirigida a la asistencia de las personas mayores y sus familiares.

8. ALZHEIMERS REPORT 2001-2002
http://www.alzheimers.org/pr01-02/ALZ_PR.pdf

9. ALZHEIMER'S DISEASE EDUCATIONAL & REFERRAL CENTER
http://www.alzheimers.org
Este sitio provee amplia información sobre la enfermedad de Alzheimer y otros tipos de demencia.

10. ORGANIZACIÓN DE LAS NACIONES UNIDAS (ONU)
http://www.un.org/spanish
Los propósitos de las Naciones Unidas son: Mantener la paz y la seguridad internacional; fomentar relaciones de amistad entre las naciones basadas en el respeto y en el principio de igualdad de derechos y libre determinación de los pueblos; tomar medidas adecuadas para fortalecer la paz universal; realizar la cooperación internacional en la solución de problemas internacionales de carácter económico, social, cultural o humanitario; desarrollar el estímulo y el respeto a los derechos humanos y a las libertades fundamentales de todos sin hacer distinción por motivos de raza, sexo, idioma o religión.

11. ORGANIZACIÓN PANAMERICANA DE SALUD. ORGANIZACIÓN MUNDIAL DE LA SALUD
http://www.paho.org

La Organización Panamericana de la Salud (OPS) es un organismo internacional de salud pública con casi 100 años de experiencia dedicados a mejorar la salud y las condiciones de vida de los pueblos de las Américas. Esta organización goza de reconocimiento internacional como parte del Sistema de las Naciones Unidas, y actúa como Oficina Regional para las Américas de la Organización Mundial de la Salud. Dentro del Sistema Interamericano, es el organismo especializado en salud.

12. CONEXIONES TEOLÓGICAS.
http://www.christianchaplains.com/chaplainconnection.htm
El Colegio Internacional de Capellanes Cristianos (IACC)

13. THE ECUMENICAL CENTER FOR RELIGION AND HEALTH
http://www.ecrh.org

Desarrollando un ministerio de alcance con las personas de edad

Creciendo, compartiendo y adorando en comunidad

La iglesia del siglo veintiuno es una comunidad de fe bastante heterogénea que reúne a hombres y mujeres de diferentes edades, etnias, lenguas, y clases sociales. Uno de los llamados de esta comunidad es la de alcanzar una unidad dentro de la pluralidad que permita el uso inteligente de las habilidades y los talentos que cada miembro de la comunidad ofrece.

En una de las oraciones de Jesús, registrada por los autores de los evangelios, el Salvador ruega "que todos sean uno". Por muchos años, quizás debido a nuestra resistencia intelectual a aceptar el hecho de que fuimos creados para vivir en comunidad y en cooperación con nuestros semejantes, hemos promocionado un espíritu de competencia entre los/las jóvenes y las personas de edad que componen la iglesia, que nos ha llevado al estancamiento y a la división, precisamente todo lo contrario a la oración de Jesucristo. La lucha sin sentido entre jóvenes y personas mayores y viceversa nos ha robado la oportunidad de crecer como pueblo de Dios.

Así que entendemos que cuando Jesús oraba por "perfección en la unidad" se refería a ese tipo de unión característico de una comunidad saludable donde se cree y se practica la interdependencia al mismo tiempo que se respeta la individualidad y se valora el aporte de cada miembro de la comunidad.

Al planificar un ministerio dirigido a alcanzar y asistir a las personas de edad necesitamos mantener en mente la idea de que ellas tienen un cúmulo de experiencias, conocimientos, y habilidades que ofrecer a la comunidad de fe y que no solo están para recibir sino también para compartir. Las personas mayores no quieren solo recibir servicios sino también tomar parte activa en el proceso de servir a los demás.

En el proceso de establecer un ministerio de alcance con las personas de edad se recomienda compilar la información personal, social, psicológica y espiritual de los miembros de edad de la iglesia. Esta información puede ser recogida a través de una encuesta y es con el fin de ayudar a los líderes de la iglesia a identificar las habilidades y dones que las personas de edad puedan ofrecer a la comunidad de fe. Este tipo de información puede servir como la base que los dirigentes de la iglesia puedan utilizar en el proceso de establecer programas y servicios de alcances para suplir las necesidades que las personas mayores puedan tener.

Al tratar de identificar las necesidades de las personas mayores conviene considerar el programa desarrollado por los Centros Pastorales de América,[1] los cuales enfatizan la idea de que las personas de edad tienen mucho que celebrar y compartir, por lo tanto el ministerio no sólo es dirigido a ellos sino por ellos. Estos centros ubican las necesidades de las personas en cuatro secciones o áreas.

1. *Las necesidades de apoyo y sostén* que incluyen las necesidades básicas y necesarias para sobrevivir tales como la alimentación, la vivienda, la asistencia médica, y los recursos financieros. Existen muchas maneras en las que la iglesia pueda intervenir en el proceso de ayudar a las personas de edad a suplir estas necesidades.
2. *La necesidad de crecimiento social, mental y espiritual.* El crecimiento del ser humano es continuo y el espíritu de aventura que nos caracteriza no desaparece con la vejez. Si bien es cierto que las clases de aventura difieren de aquéllas que nos acompañaban en los días de la juventud, el espíritu aventurero sigue con nosotros/as casi hasta la tumba, y aun más, la muerte puede ser vista como un tipo de aventura. La iglesia puede planear actividades académicas, recreacionales y enriquecedoras dirigidas a estimular ese espíritu aventurero.
3. *La necesidad de reestructuración y reorganización.* La vejez puede traer muchos desafíos de tipo biológico, mental, social y espiritual. Los

---

[1] Shepherd's Centers of America. http://www.shepherdcenters.org/index.htm 28 de junio del 2000.

cambios que traen cada una de estas dimensiones ponen a las personas de edad en una nota casi constante de reestructuración y reorganización. Es como si vivieran constantemente naciendo a nuevas realidades. La iglesia puede ayudar al establecer programas de apoyo que ayuden a las personas de edad a manejar los cambios y las pérdidas de manera saludable.

4. *La necesidad de celebrar.* El ser humano fue creado para ser feliz. El espíritu de celebrar y gozar la vida muchas veces es opacado por la miseria humana que nos rodea. La felicidad son los momentos o rayos de satisfacción que experimentamos y que le dan sentido y propósito a nuestra existencia. La iglesia puede establecer programas que se concentren en la apreciación de esos momentos que nos hacen felices. Necesitamos aprender a celebrar.

Una vez que se identifican las necesidades de las personas mayores que pertenecen a la comunidad se procede a implementar programas y servicios que vayan dirigidos a suplir esas necesidades. Sin embargo, debido a que cada iglesia tiene características y necesidades distintas se espera que los miembros sean creativos en el proceso de establecer programas de servicio *con y para* las personas de edad, ya que estas actividades deben nacer y surgir de 'abajo hacia arriba'. Es decir, son los miembros y específicamente las personas mayores los más indicados para determinar e implementar el tipo de programa que pueda ser más efectivo para la comunidad y para ellos. Entre los muchos programas de servicio de los cuales las personas mayores pueden beneficiarse, el pastor metodista Richard Gentzler[2] menciona los siguientes:

1. La asistencia prestada a personas mayores con grandes discapacidades. Muchas de estas personas pueden recibir ayuda para poder realizar las actividades del diario vivir.
2. Visitas sociales y amistosas a las personas que por razones de enfermedad y limitaciones no pueden salir de sus domicilios.

[2] Gentzler Richard H. Jr. *Designing an Older Adult Ministry.* (Nashville, TN: Discipleship Resources, 1999), 50-52.

ANEXOS

3. Llamadas telefónicas de manera regular a las personas mayores que vivan solas con el fin de interesarse por el bienestar general de ellos.
4. La asistencia prestada a las personas de edad que necesitan ir a la tienda, a la farmacia, a la peluquería, al doctor, a juegos sociales (e.g., Bingo) pero que debido a sus condiciones físicas o mentales, o a veces por falta de transportación no puedan ir por si mismas, necesitan a alguien que los acompañe.
5. Acompañar a la persona mayor por cierto tiempo con el fin de darle un descanso a la persona que primordialmente está encargada del cuidado diario.
6. Ayudas de mantenimiento y reparación del hogar. Muchos hogares de las personas mayores necesitan pintura, limpieza interna y externa, arreglos de plomería y carpintería u otros.
7. Servicios de comida. Un gran número de personas de edad se beneficiarían de la ayuda prestada en la cocina ya que por razones físicas o mentales no pueden cocinar para si mismas. También se puede contactar ciertas fundaciones de caridad que se encargan de proveer comida para las personas de edad.
8. Invitarlos a los programas religiosos y de alcance de la iglesia local.
9. Dirección espiritual. Las personas mayores pueden ofrecer estudios bíblicos así como también tener parte activa en el ministerio pastoral y educacional de la iglesia.
10. Viajes turísticos a sitios históricos y parques recreacionales.
11. Las personas mayores pueden dirigir y participar en programas de ejercicios físicos ya sean aeróbicos o de otro tipo.
12. Las personas mayores pueden servir de tutores tanto para otros adultos, como para jóvenes o niños.
13. Las personas mayores pueden ayudar a los líderes religiosos con las visitas pastorales a hospitales, y residencias geriátricas, y ayudar a conducir esfuerzos evangelísticos entre otros.
14. Algunas personas mayores pueden ayudar a través de un ministerio intergeneracional adoptando simbólicamente a un/una joven o niño/niña de la iglesia y acompañándoles a realizar actividades escolares, recreacionales y espirituales.
15. Otros pueden ayudar a través del ministerio incesante de la oración.

16. Muchas personas de edad pueden servir como 'compadres y comadres' al asumir la labor de aconsejar a los/las jóvenes.

La idea, como menciona el profesor Alfons Auer, es ayudar a las personas mayores a que alcancen la "plenitud de la vejez"; es decir, que aprovechen las oportunidades que les ofrece la vida en este período, que acepten los desafíos que ésta presenta, y que saboreen sus logros.

Encuesta para determinar las necesidades e intereses de las personas mayores

Con anticipación le damos las gracias por estar dispuesto/a a participar en esta encuesta. Estamos interesados en identificar los talentos y las necesidades de las personas de edad de nuestra comunidad con el fin de poder desarrollar programas apropiados para este sector tan importante de la población.
La información que usted provea será considerada con estricta confidencialidad y será usada por la iglesia solo con el propósito de establecer un ministerio efectivo con y para las personas mayores. Le sugerimos que solo conteste las preguntas que usted considere necesario responder y con las cuales usted se sienta conforme.

Nombre Completo: _____
Dirección: _____
Teléfonos:( )_____(Casa) ( )_____ (Trabajo)
Correo electrónico: _____ Fecha de hoy: _____

1. Sexo: Femenino ( )   Masculino ( )
2. Estado Civil: Casado(a) ( )   Viudo(a) ( )   Soltero(a) ( )
                     Separado(a) ( )   Divorciado(a) ( )
3. Edad: 60-74 ( )   75-84 ( )   85 y más ( ) Otra: ___

4. Educación: Primaria ( )   Secundaria ( )   Superior ( )
                   Técnica ( )   Universitaria ( )
Actualmente estudiando en:_____
5. ¿Cuál es su profesión? _____
_____

6. ¿Está usted empleado actualmente? No ( ) Si ( )
¿Dónde? _____
Si no está empleado(a), ¿le gustaría estarlo? No ( ) Si ( )
Soy voluntario (a) en: _____
7. ¿Dónde y con quién vive usted?
Vive solo(a) ( )   Vive con su pareja ( )
Vive con los hijos(as) ( ) Vive con sus padres ( )
Vive con otros familiares ( ) Vive con amigos ( )
Vive en un apartamento para jubilados ( )
Vive en una residencia geriátrica ( )
Vive con: _____
8. ¿A quien llamaría usted en caso de que tenga una emergencia?
Nombre y Dirección de la persona a contactar: _____
_____ Teléfono: _____ Correo electrónico: _____
9. ¿Cuántas personas le visitaron la semana pasada? _____
_____

10. ¿Cuán frecuente usted recibe o hace llamadas telefónicas?
No tiene teléfono ( )   Una vez al día ( )
Varias llamadas por día ( )   Una vez a la semana ( )
No puede contestar el teléfono ( ) Nunca ( )
Una vez por mes ( )   Otras _____
11. ¿Tiene usted un vecino o vecina de confianza a quien pueda llamar en caso de emergencia?
No ( )   Si ( )
¿Cuál es el nombre del vecino(a) _____
12. ¿Cuan a menudo sale usted de compra? _____
13. ¿Qué tipo de actividades sociales y recreacionales prefiere usted?
_____

14. ¿Le gustan las mascotas?   No ( )   Si ( )
¿Qué tipo? _____
15. ¿Cuan frecuentemente se siente usted solo(a)?
Todos los días ( )   Semanalmente ( ) Casi nunca ( )

ANEXOS

16. ¿Normalmente que hace usted cuándo se siente solo(a)?
   _____
17. ¿Tiene usted algún problema con su vivienda?
   No ( )   Si ( )
   Si respondió afirmativamente ¿Cuál(es)? _____
18. ¿Cuan buena es su salud en general?
   Vista:
   Excelente ( )   Buena ( )   Más o Menos ( )   Mala ( )
   Audición:
   Excelente ( )   Buena ( )   Más o Menos ( )   Mala ( )
   General:
   Excelente ( )   Buena ( )   Más o Menos ( )   Mala ( )
   Otro Comentario _____
19. En la escala del 1 al 10 (Uno siendo bastante desilusionado y diez siendo muy satisfecho) ¿Cuan satisfecho(a) se siente usted con la vida? ( )
20. ¿Cuan frecuentemente usted asiste a la Iglesia?
   Una vez por semana ( )   Dos veces por semana ( )
   Una vez al mes ( )   Tres veces al año ( )
   Nunca ( )   Otra _____
21. ¿Cuan frecuente usted escucha o mira los programas religiosos?
   Por radio_____ Por televisión _____
   Por el Internet_____
22. **Para su transportación, usted:**
   Maneja su carro ( )   Utiliza el transporte público ( )
   Camina ( )   Viaja con familiares o amigos ( )
   Maneja su bicicleta / motocicleta ( )
   Necesita que lo(a) lleven a: La iglesia ( ) Al trabajo ( )
   Al hospital ( ) La clínica ( )   De compras ( )   Otros____
   Puede ayudar a transportar a otras personas: _____
23. **Reparaciones para la casa donde vive:**
   Necesita que le ayuden a: Cortar el césped ( ) Pintar la casa ( )
   Trabajos menores de plomería ( ) Trabajos menores de carpintería ( )
   Transportar cosas ( )   Otros _____
   Usted puede ayudar con estas reparaciones: _____

24. **Para los oficios del hogar:**
     Usted necesita ayuda para: Cocinar ( ) Limpieza general ( )
     Lavar ( )   Leer y escribir cartas ( )   Leer el periódico ( )
     Coser ( )   Otros _____
     Usted puede ayudar a otros con: _____
25. **Para sus asuntos de salud:**
     Usted necesita ayuda con respecto a: Medicamentos ( )
     Cuidado dental ( ) Asistencia médica a domicilio ( )
     Otros _____
     Usted puede ayudar a otros con: _____
26. **Para sus asuntos financieros y legales:**
     Usted necesita con respecto a: Seguro Social ( )
     Seguro médico y de salud ( )   Asuntos sobre jubilación ( )
     Presupuesto personal ( ) Otros_____
     Usted puede ayudar a otros con: _____
27. **Servicios religiosos:**
     Le gustaría recibir: Visitación pastoral ( )
     Estudios bíblicos (   )Tomar los sacramentos ( )
     ¿Cuáles? _____
     Otros_____
Usted puede ayudar a otros con: _____
28. **Mencione al menos dos programas que a usted le gustaría ver implementados en esta iglesia**

_____

_____

Muchísimas gracias por su participación en esta encuesta